Guía completa de los Golden Retrievers

Joanna de Klerk

Datos de Publicación

Joanna de Klerk

Guía completa de los Golden Retrievers ---- Primera edición.

Resumen: "Criar con éxito un perro Golden Retriever desde cachorro hasta la vejez" --- Proporcionado por el editor.

ISBN: 979-8-89818-007-2

[1. Golden Retriever --- No Ficción] I. Título.

Diseño por Sorin Rădulescu

Primera edición en español, 2025

ÍNDICE

CAPÍTULO 1
Descripción General de la Raza

No es sorprendente que el Golden Retriever sea uno de los perros más populares del mundo. Tanto hermoso como inteligente, el Golden Retriever se adapta perfectamente a la vida familiar, a pesar de haber sido criado originalmente como perro de trabajo. Esto demuestra la adaptabilidad de la raza y lo unido que puede llegar a estar un Golden Retriever a su manada humana. Si estás pensando en dar la bienvenida a un Golden Retriever a tu hogar, este libro te guiará a través de todos los aspectos básicos para comprender la raza y saber cómo satisfacer las necesidades de tu perro.

Foto cortesía de
Meghan Shoeman

Acerca de la Raza

El Golden Retriever es instantáneamente reconocible, pero a menudo se confunde con el Labrador Retriever. Ambas razas tienen sus orígenes en el mismo amplio acervo genético, con un ancestro común en el Perro de San Juan de Terranova. Y ambas tienen perros de agua entre sus antepasados, habiendo sido criados como perros de trabajo para recuperar presas caídas en terrenos pantanosos. Ambas razas son también excepcionalmente inteligentes, amigables, amantes del agua y entusiastas de la comida. Y ambas son excelentes perros de familia. Sin embargo, existen algunas características del Golden Retriever que lo distinguen de su primo Labrador.

Apariencia

El Golden Retriever, como su nombre lo indica, viene solamente en un color, y ese es dorado. Puede haber algunas variaciones de tonalidad dentro de la raza, desde casi blanco hasta caramelo, pero a diferencia del Labrador, que viene en dorado, chocolate y negro, estas amplias variaciones no se observan en el Golden Retriever. Además, como descendiente del Retriever de pelo ondulado, el Golden presume de un lujoso pelaje largo en comparación con el pelaje liso de su primo Labrador.

En general, el Labrador es más grande que el Golden Retriever, aunque por un margen estrecho, por lo que las anomalías de tamaño pueden hacer que esta distinción no sea confiable. Las hembras son más pequeñas que los machos. Los Golden Retrievers machos típicamente miden entre 58 y 61 cm de altura y pesan entre 29 y 34 kg. Las hembras generalmente miden entre 54,5 y 57 cm de altura y pesan entre 25 y 29,5 kg. Los Golden tienen bocas suaves para recuperar presas sin dañarlas, y una sonrisa característica que les da una apariencia atractiva y amigable.

La apariencia del Golden Retriever difiere ligeramente entre países, ya que el estándar de la raza no es exactamente el mismo en todos ellos, y como perro de pedigrí, los Golden Retrievers deben criarse en estricta adherencia al estándar de raza de su país.

El Golden Retriever en América puede ser de color más oscuro que su contraparte británica. El Golden británico es más robusto que su primo americano, con una cabeza más ancha. También puede ser ligeramente más grande.

El Golden Retriever presume de un hermoso pelaje alrededor de su cuello, vientre, la parte posterior de sus patas y la parte inferior de su cola. Su pelaje es realmente su gloria suprema y algo que atrae a muchas personas a la raza. Sin embargo, requiere un alto mantenimiento en comparación con el pelaje liso del Labrador, por lo que el futuro dueño debe comprometerse a un cepillado regular. Las personas que sufren de alergias no se llevarán bien con esta raza, ya que el pelaje muda profusamente.

Foto cortesía de
Ashley DeFrancesco

La impresionante belleza del Golden Retriever lo ha convertido en un favorito en todo el mundo y en una estrella popular en los medios de comunicación, y no es difícil entender por qué.

Expectativa de Vida

La vida típica de un Golden Retriever es de 10 a 12 años. Al adoptar un cachorro de Golden Retriever, es importante pensar en el futuro y considerar cualquier cambio en tus circunstancias personales que pueda ocurrir durante este período, y si puedes comprometerte con el cuidado de tu perro durante toda su vida.

Hace unas décadas, se esperaba que los Golden Retrievers vivieran hasta 16 o 17 años. Actualmente se están llevando a cabo estudios sobre por qué la esperanza de vida promedio ha disminuido tan drásticamente en los últimos años. Estos estudios están considerando factores ambientales, cambios en el estilo de vida, genes y condiciones de salud. Sin embargo, como aún no se han alcanzado conclusiones, todo lo que puedes hacer como dueño es asegurarte de que tu perro tenga una buena dieta, se mantenga en un peso saludable, haga suficiente ejercicio y reciba atención veterinaria regular para garantizar que viva sus años asignados al máximo.

Personalidad

En pocas palabras, el Golden Retriever es una enorme personalidad sobre cuatro patas con una cola que no para de moverse. Nada distingue tanto al Golden Retriever como su naturaleza amigable y alegre, su enorme sonrisa y su carácter gentil y devoto. Tu Golden Retriever lte amará incondicionalmente, confiará en ti implícitamente y perdonará todos tus errores. Cada día es el mejor día de su vida, y le encantará ser parte de tu familia, participando en todas tus actividades y dando la bienvenida con entusiasmo a cada visitante a tu hogar.

Una palabra que encontrarás regularmente en este libro es "dócil". Esta es la característica establecida en el estándar oficial de la raza para describir la personalidad del Golden Retriever, y significa que tu perro está ansioso por complacer y seguir sus instrucciones. También implica que el Golden Retriever está moldeado tanto por su naturaleza como por el adiestramiento que tú realices con él. Por lo tanto, en términos de materia prima, tienes una base ideal en un Golden Retriever bien criado, pero todavía hay trabajo por hacer para crear el perro perfecto.

El Capítulo 3 de este libro analiza el comportamiento de un Golden Retriever, y señala que aunque existe una personalidad estándar aceptada para la raza, pueden ocurrir variaciones debido a la genética. Por ejemplo, las líneas de trabajo tendrán más energía. Además, pueden ocurrir anomalías de carácter incluso entre hermanos de camada que pueden ser impredecibles. Adicionalmente, si estás adoptando un perro mayor de un refugio, sus primeras experiencias pueden haber dañado su personalidad, y habrá trabajo por hacer para recuperar su confianza y devolverle su comportamiento natural. Lamentablemente, algunos perros dañados pueden nunca alcanzar el bienestar emocional después de haber sido maltratados o descuidados. Sin embargo, el Golden Retriever es una raza resiliente y perdonadora por naturaleza, por lo que las posibilidades son mejores que el promedio.

Si tu Golden Retriever no llena completamente tu hogar y tu vida debido a su tamaño, ¡su enorme personalidad ciertamente lo hará! Nunca tendrás un día aburrido en todos los años que pases en compañía de un Golden Retriever.

Dentro del Hogar

El Golden Retriever es un perro grande. No hace falta decir que el pequeño montón de pelusa que traes a casa como cachorro crecerá rápidamente hasta convertirse en un perro adulto grande y exuberante, con una cola larga y juguetona capaz de despejar una mesa de café con un solo movimiento. Por lo tanto, la primera consideración que debes enfrentar al decidir si esta es la raza para ti es, ¿qué tan grande es tu casa y las habitaciones dentro de ella?

Si vives solo y es poco probable que esto cambie, puedes encontrar amplio espacio en un hogar de tamaño modesto para ti y tu gran amigo. Sin embargo, si tienes una familia numerosa, debes pensar en el espacio que ocupará un Golden Retriever. Por supuesto, tu perro no necesariamente debe tener acceso a toda la casa, siempre que las habitaciones a las que se le permite acceder sean lo suficientemente grandes y estén libres de peligros. Esto es una cuestión de preferencia personal y no hay reglas estrictas, siempre que se haya pensado cuidadosamente en el impacto que un perro grande y enérgico tendrá en el hogar antes de que se instale contigo.

Foto cortesía de Linda Walkowiak

Se sabe que el Golden Retriever muda profusamente, por lo que si tú estás particularmente orgulloso de tu casa, es posible que tengas que bajar tus estándares al dar la bienvenida a un Golden a tu hogar, ¡a menos que quieras pasar mucho tiempo extra con la aspiradora! Ciertos textiles atraerán y retendrán el pelo, mientras que las superficies duras y la tapicería de cuero o vinilo serán más fáciles de mantener en una casa compartida con un Golden Retriever. En general, estas superficies también son más fáciles de limpiar durante la etapa de entrenamiento para hacer sus necesidades con tu perro, por lo que siempre hay algunas cuestiones prácticas a considerar que pueden hacer que tu vida sea más fácil si el Golden Retriever es la raza para ti.

Desafortunadamente para algunos, un Golden nunca será una opción, ya que con su gruesa capa interna que muda y su capa superior sedosa, la raza no es adecuada para personas con alergias severas. También puedes considerar si algún visitante regular a tu hogar, como familiares, es alérgico a los perros antes de decidirte por un Golden Retriever.

Se sabe que el Golden Retriever lleva consigo un distintivo olor a perro. Para muchas personas esto no es un problema en absoluto e incluso es bastante entrañable, pero si es probable que te moleste, entonces puedes reconsiderar tu elección de un Golden Retriever, ya que ese es simplemente su perfume natural. Los perros no deben bañarse excesivamente, ya que esto elimina los aceites naturales del pelaje, y no se recomiendan los desodorantes para perros. Con el tiempo, como dueño, te volverás insensible al olor de tu perro, pero si te preocupa que tu casa huela a perro para los visitantes, entonces un Golden puede no ser la raza para ti.

Si has sopesado los pros y los contras del impacto que un Golden Retriever tendrá en tu hogar, y has decidido que tienes el espacio, estás relajado con respecto al pelo de perro, la baba y el olor, y tienes algunas estrategias para minimizar esto, entonces no hay duda de que tu hogar estará completo con un Golden siempre listo para darte la bienvenida en la puerta y poner los problemas del día en perspectiva.

Fuera del Hogar

Si estás considerando un Golden Retriever, es importante que tengas tu propio patio trasero o acceso a un espacio seguro inmediatamente fuera de tu casa para que el perro lo use para hacer sus necesidades regularmente. Un patio trasero privado es obviamente preferible porque puedes hacerlo seguro para permitir que tu perro tenga acceso regular a un espacio exterior relajante donde puede estar sin correa y disfrutar del sol. Para un perro grande como un Golden, el hogar en sí puede sentirse confinado incluso si se le lleva a hacer ejercicio regularmente, por lo que disfrutará de un patio seguro.

Siempre debes asegurarte de que la valla de tu patio sea lo suficientemente alta para evitar que tu Golden salte, y que llegue hasta el suelo si tienes un cachorro. Los cachorros, en cualquier caso, deben ser supervisados al aire libre, ya que pueden cavar y comer elementos o plantas inapropiadas. Si estás adoptando un perro de un refugio, el verificador del hogar echará un ojo experimentado sobre tu espacio exterior y hará sugerencias si ve alguna deficiencia, como paneles de valla rotos, otras rutas de escape u objetos peligrosos. Estos deberán ser atendidos antes de que puedas llevar a tu perro de rescate a casa. Pero si estás comprando un cachorro y nunca has tenido un perro antes, puede valer la pena pedirle a un amigo con experiencia en perros que revise tu patio. Si tienes una piscina o estanque, debes cercarlo antes de que llegue tu perro. Puedes encontrar más consejos para preparar tu hogar y patio en el Capítulo 5.

Tu Golden Retriever también disfrutará de acceder a un territorio más amplio, incluidos sus paseos regulares, ya sea que se pueda acceder a ellos a pie desde tu hogar o mediante un corto viaje en automóvil. Aunque es agradable para tu perro disfrutar de una amplia variedad de paseos, siempre apreciará sus lugares especiales que conoce bien y donde todos sus aromas favoritos están en los lugares esperados. Si vives en la ciudad, debes tratar de hacer tiempo para conducir hasta el campo o el océano regularmente para tu Golden Retriever, porque por muy adaptable que sea, fue criado como perro de trabajo y solo podrá ejercitar sus instintos naturales en un entorno más rural. Sin embargo, ten en cuenta los peligros como las fuertes corrientes oceánicas, los ríos de flujo rápido y los acantilados empinados, y usa una correa donde el entusiasmo de tu perro pueda meterlo en problemas. Asegúrate de que tu perro tenga una placa de identidad en su collar y esté microchipado con tus datos de contacto actualizados en caso de que se extravíe.

Costos de Mantener un Golden Retriever

El costo más inmediato involucrado al adquirir un Golden Retriever es el precio del perro, y como un Golden es una raza de pedigrí, este será bastante alto. En promedio, puedes esperar pagar entre 500 y 2.000 euros por un Golden Retriever con linaje documentado. Si bien puedes conseguir un perro por un precio más bajo, ten en cuenta que un perro sin documentación puede haber sido criado con poca consideración por el estándar de la raza o la idoneidad de los padres, y puede tener problemas de salud más adelante. Alternativamente, puedes decidir adoptar un perro de rescate de un refugio, pero estos perros no son gratuitos; siempre deberás pagar una tarifa de reubicación. Esta puede estar en el rango de 200 a 500 euros y sirve para cubrir los costos generales en los que incurre el refugio en su trabajo, como la esterilización, las vacunas, el microchipado, el acogimiento, el alojamiento, la alimentación, el transporte y la administración. También asegura que nadie considere un rescate como un lugar para conseguir un perro gratis para peleas ilegales de perros, cría o reventa.

Los Golden Retrievers son perros bastante costosos de mantener debido a su tamaño y posibles problemas de salud. La medicina veterinaria preventiva se discute en el Capítulo 11, y se recomienda encarecidamente un seguro para gastos veterinarios desde el principio, ya que los tipos de dolencias que un Golden Retriever es propenso a sufrir son potencialmente muy costosas. Alternativamente, algunos dueños prefieren autoasegurarse, y apartan una cantidad regular para costos veterinarios imprevistos. Esto es una cuestión de preferencia, aunque las operaciones pueden costar miles de euros, y frente al costo de un procedimiento costoso que puede no tener éxito, los dueños que no tienen seguro se enfrentan a una elección poco envidiable, o ninguna otra opción que la eutanasia si no tienen los fondos disponibles.

Foto cortesía de
Curtis McCollough

De manera más regular, el costo de alimentar a tu Golden Retriever será superior al promedio porque es un perro grande. También debido a su predisposición genética a problemas articulares y otros problemas de salud en la vida posterior, querrás asegurarte de que esté con una dieta de alta calidad. La nutrición se discute en el Capítulo 8, y una vez que tengas una idea de qué tipo de alimento deseas para tu perro, vale la pena buscar las cantidades recomendadas para un Golden de peso adulto (25-34 kg), calcular el número de porciones en la bolsa, el número de latas por día, o el volumen de carne cruda si esta es tu preferencia, y calcular cuánto te costará alimentar a tu perro mes a mes. No olvides que tu perro merece un premio de vez en cuando, especialmente durante su adiestramiento, así que incluye un poco en el presupuesto para esto también.

Un gasto que debe considerarse durante el segundo año de vida de tu cachorro es el costo de esterilizarlo. Esto se recomienda si no planeas exhibir o reproducir a tu perro, ya que evitará embarazos no deseados, eliminará los celos en la hembra y también ayudará a que tu perro esté más tranquilo. Sin embargo, los Golden Retrievers son una de las pocas razas que no deben ser esterilizadas antes de un año de edad, ya que requieren el efecto de las hormonas para cerrar las placas de crecimiento de los huesos largos. Si decides esterilizar a tu perro, esto debería ser idealmente entre 1 y 2 años en un Golden Retriever.

Aparte de los costos únicos como la esterilización, también tendrás otros costos regulares como tratamientos antiparasitarios y vacunas anuales que deberían figurar en el presupuesto.

El equipo que necesitarás para tu perro comprende principalmente un alto costo inicial, con gastos menores a lo largo del camino a medida que tu perro crece, desgasta o destruye su cama, jaula, arnés, juguetes, correas, etc. Una idea de lo que necesitarás para tu nuevo perro se da en el Capítulo 5. Después del desembolso inicial, tendrás más tiempo para buscar gangas o artículos de segunda mano cuando sea necesario reemplazarlos si tienes un presupuesto ajustado. Para muchos dueños, sin embargo, consentir a su perro les da mucho placer, por lo que nuevamente esto es una cuestión de elección personal.

Las actividades que elijas realizar con tu perro pueden variar enormemente en costo. Para muchos dueños, es suficiente socializar a su perro informalmente y adiestrarlo ellos mismos usando tutoriales en línea o experiencia pasada. Pueden tener fácil acceso al campo o parques locales para paseos, y nunca necesitar gastar un céntimo en entretener a su perro. Otros dueños, sin embargo, pueden gustar de la idea de clases formales de socialización de cachorros y clases de adiestramiento canino, por el apoyo moral y práctico que esto brinda, y la oportunidad de mezclarse y aprender de otros dueños de perros. Además, a muchos les gusta la idea de clases de Agility y sesiones de Flyball. La mayoría de estas clases grupales implicarán una tarifa y posiblemente algún equipo adicional. Si planeas competir a un nivel más alto, también habrá costos adicionales. Los costos más altos de todos en la categoría "opcional" se incurren si deseas exhibir a tu perro. En este caso, estarás preparado para las tarifas de inscripción, los costos de viaje y todos los gastos involucrados en mantener a tu perro en óptimas condiciones cosméticas. Estos se discuten en el Capítulo 15.

Así que, como regla general, mantener un Golden Retriever es más costoso que el perro promedio. Sin embargo, como con cualquier perro, muchos de los gastos son opcionales, y puedes mantener los costos bajos, por lo que la elección de un Golden Retriever no tiene que excluir a aquellos con ingresos más bajos, siempre que se haya presupuestado para gastos presentes y futuros. En pocas palabras, tu perro no tiene concepto de riqueza; todo lo que le importa es estar cómodo, adecuadamente alimentado, bien ejercitado, libre de dolor y tener compañía humana durante una buena parte del día, con la oportunidad de conocer amigos de su propia especie también. Si puedes garantizarle estos requisitos básicos, ¡ambos disfrutarán de una relación que no tiene igual!

CAPÍTULO 2
Historia de la Raza

"El estándar del Golden Retriever habla de un perro que es confiable y amistoso, nunca 'pendenciero' en condiciones normales. El Golden era el perro de caza de un caballero, y por eso debe ser tanto hermoso como atlético".

Jill Simmons
PoeticGold Farm

Origen de la Raza

Foto cortesía de
Stephanie Johnston

El Golden Retriever debe su existencia como raza a Dudley Majoribanks, Lord Tweedmouth, quien vivió en la Casa Guisachan en las Tierras Altas de Inverness, Escocia, a finales del siglo XIX. Las Tierras Altas eran los terrenos de caza tradicionales del Reino Unido, pero el paisaje estaba salpicado de pantanos y ríos, por lo que los deportistas requerían una raza de retriever que pudiera trabajar en todos los terrenos para recuperar tanto la caza de montaña como las aves acuáticas. Además, las armas de fuego de mayor alcance habían llevado a que durante la caza se disparara a mayor distancia, por lo que se requería una raza con excelente resistencia capaz de trabajar a un rango más amplio.

Genética

El ancestro del Golden Retriever era conocido como el retriever de pelo ondulado, cuyos orígenes se remontan al Perro de San Juan de Terranova, que también es el antepasado del Labrador Retriever. En 1865, Dudley Majoribanks compró un joven retriever de pelo ondulado amarillo a un zapatero en Brighton, en la costa sur de Inglaterra. El zapatero había adquirido el cachorro el año anterior del guardabosques del terrateniente local, Lord Chichester, como pago de una deuda, y era el único cachorro amarillo de una camada de retrievers de pelo ondulado negros. El perro fue llamado Nous, que significa "sabiduría", y claramente era un perro de gran calidad para atraer la atención de Majoribanks. Nous fue llevado de regreso a Guisachan en Escocia para unirse a su perrera de perros deportivos y convertirse en el padre de una nueva raza.

Otra raza de perro de caza en las perreras de Dudley Majoribanks era el Tweed Water Spaniel, una raza que ahora está extinta, pero que como su nombre sugiere tenía la capacidad de recuperar presas del agua, con una boca suave para transportarlas sin dañarlas. Nous fue cruzado con una Tweed Water Spaniel llamada Belle en 1868 y 1871, y los cachorros amarillos resultantes se convirtieron en la base para una línea nueva y distinta de retrievers amarillos.

Gracias a los meticulosos registros mantenidos por Dudley Majoribanks en un diario desde 1840 hasta 1890, se documentó el desarrollo de la raza ahora conocida como Golden Retriever, y estos registros de perrera se encuentran actualmente en la biblioteca del Kennel Club del Reino Unido. A través de una cuidadosa cría en línea de los descendientes de Nous y Belle con otros retrievers de pelo ondulado y liso, otro Tweed Water Spaniel, un Setter Rojo, y posiblemente un Labrador Retriever y un Bloodhound, se desarrolló la raza. Los retrievers amarillos generalmente eran conservados por Majoribanks para continuar la línea, pero también retuvo algunos de los cachorros negros. Muchos de los perros criados por Majoribanks fueron entregados a amigos y familiares como perros de caza. Mientras que hoy el Golden Retriever ha encontrado un papel como mascota familiar, la capacidad de trabajo era primordial en esta etapa del desarrollo de la raza, con énfasis en excepcionales capacidades acuáticas.

Estándares Históricos

Foto cortesía de
Samantha Hector

Hasta principios del siglo XX, la nueva raza de perro de caza de Lord Majoribanks era poco conocida fuera de las Tierras Altas de Escocia—esa región montañosa del norte de Gran Bretaña donde se desarrollaron muchas de las razas de caza británicas—, pero en 1904, uno de los perros de Majoribanks ganó la primera prueba de campo para retrievers y alcanzó mayor notoriedad. Pocos años más tarde, la raza comenzó a presentarse en exposiciones caninas por toda Gran Bretaña. En esta etapa todavía se conocían como Retrievers Amarillos, desarrollados específicamente para la caza de aves acuáticas en los lagos y ríos escoceses, una tradición cinegética muy diferente a las modalidades de caza española como la montería o la caza menor mediterránea.

En 1908, Lord Harcourt de Nuneham Park en Oxford, quien había desarrollado un gusto por la raza, reunió una colección de retrievers de los cruces originales y los inscribió en la exposición del Kennel Club británico. Fueron inscritos bajo la clase "Cualquier Variedad de Retriever" como "Retrievers de Pelo Liso Amarillos"; sin embargo, el interés generado por los perros de Lord Harcourt llevó a que fueran descritos por primera vez como "Golden Retrievers". Para cuando fueron registrados por derecho propio en el Kennel Club de Inglaterra en 1911, adquirieron la clasificación "Retriever – Amarillo o Dorado". Fue en 1920 cuando fueron clasificados oficialmente como "Retriever – Dorado" por el Kennel Club Británico, siendo reconocidos posteriormente por el Kennel Club Canadiense en 1925 y por el American Kennel Club en 1932. La expansión por Europa continental, incluyendo España, llegaría algunas décadas más tarde, cuando estos perros comenzaron a adaptarse a diferentes tradiciones cinegéticas y climáticas.

Una idea errónea sobre el origen del Golden Retriever es que descendían del perro de circo ruso. Esta confusión surgió cuando un admirador temprano de la raza, el Coronel Le Poer Trench, crió una línea de Goldens que afirmaba derivaban de las líneas Guisachan de Majoribanks y, según la autoridad del propio encargado de la perrera de Majoribanks, descendían de perros de circo rusos. El Coronel Trench era un hombre de cierto estatus social y, en consecuencia, se creía que su raza, a la que llamó "Retrievers Rusos", se había

Foto cortesía de Leslie Jenkins

originado en Rusia. Sin embargo, cuando salieron a la luz las notas de la perrera de Majoribanks, esta teoría fue completamente desmentida. No obstante, causó confusión en aquel momento, así como una controversia duradera sobre los verdaderos orígenes de la raza, aunque la línea del Coronel Trench puede considerarse más pura que los Goldens desarrollados por Majoribanks, ya que nunca fueron cruzados a partir de la cepa original.

En los primeros días de exposición en el Reino Unido, los Golden Retrievers tenían que competir contra los Retrievers Amarillos Rusos del Coronel Le Poer Trench por los Certificados de Desafío, ya que aunque tenían clases separadas, solo se les asignaba un conjunto de Certificados de Desafío, que ganaban consistentemente los Retrievers Rusos. Sin embargo, cuando a los Goldens se les asignaron sus propios Certificados de Desafío, los primeros ganadores fueron el perro Noranby Sandy de la Sra. Charlesworth y la perra Coquette del Sr. F.W. Herbert. La Sra. Charlesworth luego pasó a ganar tres Certificados de Desafío y una Prueba de Campo con Noranby Campfire. Una suspensión de las actividades caninas durante la Primera Guerra Mundial detuvo todo el desarrollo de la raza, pero el Golden Retriever ya estaba establecido en el afecto del público británico.

El Golden Retriever llegó por primera vez a América del Norte a principios del siglo XX y tuvo un éxito inmediato. El semental fundador más notable nació en Inglaterra en 1929 y se llamó Am/Can Ch Speedwell Pluto, importado por Samuel S. Magoffin de North Vancouver como su perro de caza personal. Speedwell Pluto se convirtió en un campeón del AKC, el primer Golden en ganar un Grupo Deportivo y el primero en obtener el Best in Show. Samuel Magoffin y su hermano John Rogers Magoffin importaron más hembras bien criadas de Inglaterra para sus perreras Rockhaven y Gilnockie, convirtiéndose en la base para la raza Golden Retriever en el Oeste y Medio Oeste americano.

Inicialmente, cuando se elaboró el estándar de la raza en 1911, el color crema había sido excluido como color permitido, y no era popular en la década de 1920, siendo los tonos más oscuros los más valorados. Sin embargo, en la década de 1930, los tonos más claros experimentaron un resurgimiento en popularidad, y en 1936 el estándar de la raza del Reino Unido se modificó para incluir "Cualquier tono de oro o crema, pero ni rojo ni caoba", ya que se consideraba más alineado con la cría original de Guisachan.

A medida que la raza continuó desarrollándose en una base mucho más amplia a lo largo del siglo XX, comenzaron a aparecer ciertas desviaciones que empezaron a causar preocupación entre los criadores europeos. El aspecto alto, tipo setter, se veía más en las exposiciones de mediados de siglo, y ciertos problemas de salud como mordidas prognatismo superior o inferior y problemas de párpados no estaban siendo

Foto cortesía de Claire Moody

Foto cortesía de
Kristin Stohl-Carlson

abordados adecuadamente. En consecuencia, en 1955, el antiguo estándar de raza del AKC fue revisado, descalificando a los perros con dentición incorrecta, posición anormal de las pestañas y aquellos fuera de
un límite de altura más estricto.

En este momento, los estándares de raza entre el Reino Unido y los
Estados Unidos comenzaron a divergir, con los perros de color más claro
y de constitución más cuadrada siendo favorecidos en las Islas Británicas, en contraste con el Golden Retriever americano más oscuro y de
complexión más alargada. Esta divergencia también se reflejaría más
tarde en Europa continental, donde diferentes países desarrollaron preferencias ligeramente distintas según sus tradiciones cinegéticas locales.

La Llegada a España

Aunque los Golden Retrievers habían conquistado Gran Bretaña y América del Norte en las primeras décadas del siglo XX, su llegada a España fue más tardía, coincidiendo con la apertura internacional del país en los años 1960 y 1970. Los primeros ejemplares llegaron principalmente de criadores británicos y se adaptaron gradualmente a las condiciones climáticas mediterráneas y a las tradiciones de caza española. A diferencia de su papel original como retrievers de aves acuáticas en los fríos lagos escoceses, en España encontraron un nuevo propósito en la caza menor y como perros de compañía en un clima considerablemente más cálido y seco.

La Real Sociedad Canina de España reconoció oficialmente la raza, y los primeros criadores españoles comenzaron a establecer líneas que combinaban la calidad europea con la adaptación al entorno ibérico. Hoy en día, el Golden Retriever se ha convertido en una de las razas más apreciadas en España, tanto por cazadores especializados en caza menor como por familias que valoran su temperamento equilibrado y su adaptabilidad.

A medida que la raza se ha refinado y desarrollado a nivel internacional, organizaciones como el Golden Retriever Club of America, el Golden Retriever Breed Council en el Reino Unido, y los clubs especializados en España han trabajado conjuntamente para garantizar que la salud de la raza siga siendo primordial, independientemente de las variaciones regionales en estándares y preferencias.

Golden Retrievers Famosos en la Historia

El presidente estadounidense Gerald R. Ford era muy aficionado a los Golden Retrievers. El tercer Golden de los Ford, Liberty, les fue regalado por su hija Susan mientras Ford servía como Presidente y, como consecuencia, se convirtió en residente del Despacho Oval, con derecho a nadar en la piscina de Camp David y privilegios para descansar en el Jardín Sur de la Casa Blanca. Liberty también ayudaba a mantener un sentido de perspectiva en el Despacho Oval, estando entrenada para finalizar conversaciones incómodas mediante una señal de su amo para acercarse al visitante meneando la cola. Podría decirse que cada oficina presidencial necesita un Golden Retriever para hacer del mundo un lugar mejor.

Este sentimiento fue claramente compartido por el presidente Ronald Reagan, cuyo Golden Retriever color caramelo, Victory, le fue entregado en 1980 durante su campaña electoral con la condición de que fuera cuidado hasta que entrara en la Casa Blanca. Al ganar las elecciones, Victory se convirtió en el Primer Perro; sin embargo, no se mudó a la Casa Blanca, ya que los Reagan pensaron que su rancho en California era un lugar más adecuado para él, donde siempre los recibía en sus vacaciones, acompañando al Presidente en el trabajo del rancho y en paseos a caballo.

No quedándose atrás, líderes de otras naciones han tenido Golden Retrievers, incluyendo a Aldo, la mascota del presidente ruso Dmitry Medvedev, y Abby, la mascota del primer ministro australiano Kevin Rudd, quien también apareció en un libro infantil escrito por el Premier, "Jasper y Abby y el Gran Alboroto del Día de Australia".

En el Reino Unido, el presentador de televisión infantil Simon Groom tenía un Golden Retriever llamado Goldie, que apareció en Blue Peter desde 1978 hasta 1986. La cachorra de Goldie, Bonnie, se convirtió en su sucesora, imprimiendo el atractivo de carácter alegre de la raza en una generación de niños británicos.

Los Golden Retrievers son tan inteligentes, entrenables y fotogénicos que son estrellas de cine naturales. Buddy, que jugaba baloncesto, fue la estrella de la película "Air Bud" en 1997. También interpretó el papel de Comet en la comedia de situación "Full House".

"Homeward Bound: The Incredible Journey" (1993) y su secuela, "Homeward Bound: Lost in San Francisco" (1996) presentaron un gato y dos perros, uno de los cuales era un Golden Retriever, Shadow (con la voz de Don Ameche). Shadow fue interpretado principalmente por Ben, con tres dobles más, y los perros en el set fueron pagados con golosinas de hígado. Aunque los Golden Retrievers son extremadamente entrenables, es notable que las palabras son dobladas ya que las bocas de ninguno de los animales se mueven cuando hablan.

No es sorprendente que los Golden Retrievers sean un éxito entre las celebridades, y sin duda proporcionan una influencia niveladora y calmante en sus vidas agitadas. Las celebridades que han tenido Golden Retrievers incluyen a Indira Gandhi, Jackie Chan, Sally Field, Enrique Iglesias, Tom Cruise, Sheryl Crow, Joe Cocker, Jamie Lee Curtis, Paul Newman, Neil Diamond, Oprah Winfrey, Pamela Anderson, Mary Tyler Moore, y muchos más. Christopher Reeve tenía un Golden Retriever como perro de asistencia.

Desde sus primeros orígenes, criado y desarrollado dentro de los confines de la finca escocesa de Dudley Majoribanks como perro de trabajo, el Golden Retriever ha crecido hasta convertirse en una de las razas más populares y reconocidas del mundo, igualmente a gusto frente al fuego como en el campo. Sin embargo, no son una raza que deba tomarse a la ligera, y un poco de comprensión de sus antecedentes ayudará a cualquier dueño potencial a decidir si el Golden Retriever es el perro adecuado para su estilo de vida y circunstancias. Cuando todo encaja, poseer un Golden Retriever (o, como muchos dirían, ser poseído por un Golden Retriever) es una asociación mutuamente gratificante para toda la vida.

CAPÍTULO 3
Comportamiento

Temperamento

La característica que define al Golden Retriever por encima de todo es su temperamento amigable, leal, alegre y dócil. Esto se debe a la larga historia de cría cuidadosa y selectiva, y a la estricta adherencia a los estándares de la raza. Al producir una apariencia instantáneamente reconocible, la cría selectiva también debería generar cierta uniformidad de temperamento, y en términos generales así es. Puedes esperar que un Golden Retriever sea gentil, leal, feliz y seguro alrededor de adultos, niños y otros animales. Sin embargo, pueden ocurrir anomalías de temperamento, y es importante reconocerlas.

Foto cortesía de
Lori Reuter – Avalor Goldens

En primer lugar, puedes suponer razonablemente que una camada de cachorros estará genéticamente predispuesta al temperamento de los progenitores. En la situación ideal de cría, ambos padres habrán demostrado tener un excelente temperamento, conforme al estándar de la raza. La Real Sociedad Canina de España (RSCE), reconocida por la Federación Cinológica Internacional desde 1911, establece que los Golden Retrievers deben mostrar las siguientes características temperamentales:

Estándar FCI (adoptado por la RSCE):

- **Temperamento:** Dócil, inteligente y con habilidad natural para el trabajo
- **Comportamiento**: Amable, amistoso y confiado

Estos estándares reflejan los requisitos internacionales, ya que España adopta los estándares de la FCI para todas las razas reconocidas.

Pueden ocurrir anomalías en el temperamento cuando se aparean dos Golden Retrievers que no tienen temperamentos similares, en cuyo caso los cachorros pueden heredar los rasgos de carácter de cualquiera de los progenitores. Ocasionalmente, la genética es simplemente impredecible, y sin una razón clara, puede aparecer un temperamento atípico en un cachorro de la camada. Es fundamental que los perros que heredan un temperamento que no se ajusta al estándar de la raza no sean

Foto cortesía de
Julie & Holly Simmons
PrairieWyn Golden Retrievers

utilizados para la cría, con el fin de preservar el distintivo temperamento dócil del Golden Retriever.

El temperamento también puede verse afectado por experiencias desafortunadas en la vida temprana de un perro. El maltrato o simplemente un adiestramiento deficiente pueden resultar en problemas de comportamiento que podrían o no superarse más tarde con manejo más experimentado. En España, donde la cultura del adiestramiento canino ha evolucionado considerablemente en las últimas décadas, es especialmente importante buscar profesionales cualificados que utilicen métodos de refuerzo positivo, alejándose de las técnicas punitivas que aún persisten en algunos círculos tradicionales.

Capacidad de adiestramiento

"La mayoría de los Golden son muy fáciles de adiestrar, desean complacer e interactuar con sus personas. Siempre sugiero una buena clase de obediencia para cachorros para encaminar tanto al dueño como al cachorro en la dirección correcta."

Julie Simmons
PrairieWyn Golden Retrievers

Los Golden Retrievers son reconocidos por su excepcional inteligencia y afán de complacer. Esto los hace muy adiestrables, hasta el punto de que comúnmente se utilizan como perros de asistencia y en búsqueda y rescate. Por supuesto, fueron criados originalmente como perros de trabajo, por lo que desde sus orígenes se esperaba que aprendieran y respondieran a las órdenes. Naturalmente, esto no significa que tu Golden Retriever nazca sabiendo cómo sentarse, quedarse quieto y caminar al lado, o que debe hacer sus necesidades al aire libre. Enseñar estas cosas

Foto cortesía de
Marnie Harrell
Shadymist Kennel, LLC

Foto cortesía de David A Ring

es parte del proceso de vinculación con tu nuevo perro. Pero tú puedes tener altas expectativas para tu Golden Retriever y disfrutar de las recompensas de adiestrar a un perro que aprende rápidamente y se adapta a la vida dentro de su manada humana.

Algunas órdenes básicas se discutirán en el Capítulo 6, pero tu Golden Retriever es capaz de aprender a un nivel muy alto, lo cual es uno de los atributos de la raza que los hace casi humanos.

Ansiedad por separación

El hecho de que tu Golden Retriever esté tan vinculado a sus humanos significa que la raza es especialmente susceptible a la ansiedad por separación, ya que no puede soportar estar lejos de las personas que son su mundo. Sin embargo, tu Golden Retriever es un perro de raza grande cuando está completamente desarrollado, propenso a mudar pelo, babear y llenar cualquier espacio confinado en el que pueda encontrarse. Por lo tanto, no es portátil como las razas más pequeñas y habrá ocasiones en las que tendrá que quedarse en casa. Es importante acostumbrar a tu perro a este requisito necesario desde una edad temprana, para que sepa que tú regresarás y se sienta cómodo y seguro estando solo en su entorno hogareño.

Por supuesto, si tienes el espacio, puedes considerar otro perro como compañero para tu Golden, pero este es un lujo que no todos podrán permitirse. Tu inteligente Golden Retriever también puede no considerar al otro perro como un sustituto de su humano.

Los siguientes síntomas pueden aparecer en tu perro si está experimentando ansiedad por separación:

- Salivación excesiva
- Caminar de un lado a otro
- Ladrar
- Lloriquear
- Rascar las puertas
- Destruir objetos como juguetes o muebles

Aparte del aspecto perturbador de que tu perro experimente angustia, los elementos destructivos pueden conducir a autolesiones, particularmente en las garras, patas y boca. En consecuencia, la ansiedad por separación es algo que debes abordar si afecta a tu perro.

Ni el castigo ni la recompensa positiva son métodos adecuados para reducir la ansiedad en tu perro, ya que ambos la empeorarán. Sin embargo, hay algunos buenos consejos que ayudarán a enseñar gradualmente a tu perro que la separación no es el fin del mundo.

Cuando dejes a tu perro solo, no hagas un gran alboroto al despedirte. Esto hará que su adrenalina se dispare. Al asegurarte de no hacer esto, él permanecerá en su estado habitual de calma. Del mismo modo, cuando regreses a casa, inicialmente ignóralo. Saludarlo y hacer alboroto reforzará su ansiedad. Cuando se haya calmado después de unos minutos, puedes saludarlo tranquilamente.

Foto cortesía de Dylan Starer

Antes de salir de casa, muchos dueños encuentran efectivo dar un juguete relleno de larga duración como un Kong®. Puedes rellenarlo con comida húmeda para perros, paté o mantequilla de cacahuete (aunque verifica que no sea una que contenga xilitol como ingrediente). Al tener algo que masticar y lamer, no solo lo distrae, sino que libera endorfinas, los relajantes naturales del cuerpo.

Entre tanto, puedes practicar salidas para que tu perro gradualmente deje de asociarlas con estar solo durante mucho tiempo. Comienza simplemente realizando tu rutina de salida, pero sin irte realmente a ninguna parte. Una vez que esto no desencadene ninguna ansiedad, avanza a salir de la habitación, pero quedándote al otro lado de la puerta solo por unos segundos. Recuerda no hacer alboroto cuando regreses, incluso si se portó bien. Puedes aumentar gradualmente el tiempo que lo dejas solo a unos pocos minutos. Una vez que hayas alcanzado el hito de una hora sin desencadenar su ansiedad, no deberías tener problemas para dejarlo toda una mañana o tarde.

Finalmente, hay algunos productos naturales en el mercado que están diseñados para ayudar a tu mascota a mantenerse tranquila. Estos pueden obtenerse de tu veterinario o como productos sin receta en una tienda de mascotas:

- **Feromonas:** La "feromona apaciguadora canina" o "DAP" es liberada por la madre para ayudar a calmar a los cachorros durante los primeros 5 días después del nacimiento. El DAP ha sido fabricado en varios tipos de productos, incluyendo un difusor de enchufe, un spray y un collar.

- **Caseína**: Presente naturalmente en la leche materna, la caseína ayuda a relajar a los cachorros, y cuando es ingerida por perros adultos, les devuelve la sensación de ser reconfortados por su madre. Está disponible tanto en forma de tableta como en galleta seca para perros.

- **L-triptófano:** Esto aumenta los niveles de serotonina en el cerebro. La serotonina es un químico natural que estimula sentimientos de felicidad. Sin embargo, toma algunas semanas acumularse a niveles que marquen una diferencia significativa, así que no esperes ver un cambio inmediato. Está disponible tanto en forma de tableta como en galleta seca para perros.

Si has probado todo lo anterior y tu veterinario ha descartado cualquier problema de salud, el siguiente paso sería consultar a un especialista en comportamiento canino. El beneficio de esto es que pueden presenciar exactamente lo que está sucediendo en tu propio hogar y dar consejos personalizados para adaptarse a tu situación específica.

Masticar

Masticar es un comportamiento natural. Tiene el beneficio positivo de entretener y educar a tu perro, limpiar sus dientes y aliviar el dolor. Para un cachorro joven con dientes en desarrollo, masticar ayuda con la incomodidad, al igual que con un bebé humano. Por lo tanto, es incorrecto castigar el masticar como si fuera un problema de mal comportamiento; el dueño debe más bien redirigirlo para que cause el mínimo de destrucción en su hogar y pertenencias.

Además de aliviar el dolor de la dentición, los cachorros están más inclinados a masticar indiscriminadamente que los perros adultos porque están explorando su nuevo mundo, se aburren fácilmente, posiblemente están ansiosos mientras se ajustan a su nueva vida, y no han sido adiestrados para saber qué es y qué no es aceptable masticar. Por lo tanto, al traer un cachorro al hogar, debes saber que las cosas dejadas a su alcance pueden ser destruidas, ya que los cachorros tienen dientes afilados desde una edad muy temprana. Lo más sensato es colocar todos los objetos importantes o peligrosos fuera del alcance del cachorro. Si tienes niños pequeños, separar los juguetes del niño de los del cachorro puede presentar un desafío, y en esta etapa del desarrollo de tu perro, puedes considerar separar al niño y al perro junto con sus pertenencias usando un corralito para el perro o para el niño. Ten en cuenta que los juguetes blandos de los niños a menudo tienen ojos duros que pueden ser arrancados e ingeridos por el perro, lo que podría causar una obstrucción grave, por lo que nunca deben dejarse donde el perro pueda encontrarlos.

Ahora es el momento de ejecutar ese objetivo de ordenar las cosas en la casa, especialmente cosas con baterías dañinas como el control remoto del televisor. Tu cubo de basura de la cocina también es un objetivo legítimo para tu cachorro, así que instálalo detrás de la puerta de un armario, en una encimera o en un cuarto de servicio fuera de los límites. Las puertas de seguridad en el hogar también pueden mantener a tu cachorro contenido sin la barrera de una puerta cerrada.

Adiestrar a tu cachorro para que se sienta cómodo en una jaula puede ser una ventaja, ya que si tienes que dejarlo por un tiempo, sabrás que no está destruyendo la casa en tu ausencia. Incluso puedes fomentar la masticación positiva dándole un Kong® relleno o un asta de ciervo para masticar en su jaula. Si no tiene un objeto permitido para masticar, puede comenzar a trabajar en los barrotes o la malla de la jaula misma.

Recuerda el deseo innato de tu Golden Retriever de complacerte. Si lo sorprendes en el acto de masticar algo inapropiado, usa una palabra severa y retira el objeto. Luego, inmediatamente dale un objeto permitido para masticar. Con el tiempo, reconocerá los objetos aprobados para masticar por su olor. Elógialo cuando su masticación se dirija apropiadamente, y la lección pronto será aprendida.

Requisito de ejercicio

"Los Golden Retrievers jóvenes pueden manejar mucho ejercicio. ¡Un cachorro cansado es un buen cachorro! Paseos al aire libre y carreras cortas son excelentes maneras de agotarlos."

Lanette Wright
Wright Mountain Golden Kennels

Adoptar un Golden Retriever no es algo que deba tomarse a la ligera. Esta no es una raza sedentaria a pesar de la imagen estereotipada de un Golden tumbado frente al fuego. Para alcanzar este estado de felicidad relajada, tu Golden Retriever necesitará haber realizado su ejercicio diario. Para un perro adulto, se recomienda un paseo enérgico de al menos una hora al día, y para los Golden de líneas de trabajo que tienen niveles de energía más altos, esto debe aumentarse a dos horas.

La falta de compromiso con las necesidades de ejercicio del Golden Retriever tendrá un resultado no deseado. El perro puede llenarse de energía descontrolada, volverse destructivo, vocal y obeso. El Golden Retriever es una raza que ama su comida, por lo que necesita quemar esas calorías. De lo contrario, un perro con sobrepeso estará más expuesto a todas las debilidades de la raza, enfermedades cardíacas, diabetes, presión arterial alta y estrés en sus articulaciones de cadera y codo.

En el lado positivo, la forma más rápida y agradable de ponerse en forma y saludable tú mismo es asumir las necesidades de ejercicio de un Golden Retriever.

Hiperactividad

No está en la naturaleza del Golden Retriever ser hiperactivo; ¡más a menudo se les describe como un felpudo! Sin embargo, ciertas líneas de sangre serán más hiperactivas que otras, ya que han sido criadas específicamente como perros de trabajo donde este temperamento es una ventaja en el campo. Si commode pronto eres dueño de un perro con tendencias hiperactivas que persisten más allá de la etapa naturalmente excitable del cachorro, podrías desear adoptar algunas estrategias de afrontamiento.

Para empezar, debes preguntarte si estás atendiendo el requisito de ejercicio de tu Golden Retriever. Esta es una raza de alta energía, desarrollada para ser inagotable en el campo. Si encuentras que has subestimado la cantidad de ejercicio que tu perro necesita, y tal vez el tiempo y el trabajo te impiden satisfacer sus necesidades, puede valer la pena emplear a un paseador de perros, o practicar un deporte activo con tu perro, como correr, lo que aumentará su kilometraje en un tiempo determinado, o practicar regularmente flyball o agility. Ambos también ayudarán a agotar tu mente ocupada. Usar la capacidad natural de recuperación de tu perro llevando una pelota al parque también ayudará a usar su exceso de energía, al igual que la oportunidad de correr y jugar con otros perros. Es importante que el ejercicio extenuante solo se realice después de que el cachorro alcance la edad de seis meses para no dañar los huesos y articulaciones blandos en crecimiento. El agility y el flyball pueden comenzarse a partir de los nueve meses a un año.

La hiperactividad también puede resultar de una disfunción en la relación que un perro tiene con su humano. Los Golden Retrievers anhelan atención y pueden estresarse mucho si se les deja solos durante largos períodos. Es importante hacer tiempo para tu perro. También necesitan un concepto firme de jerarquía y reconocer a su humano como el líder de la manada. Esto alivia el estrés en el perro. Así que un adiestramiento consistente, firme y amoroso desde el principio, así como una rutina regular, son factores muy importantes para el bienestar mental de tu perro, lo que a su vez afecta su sentido de calma. Esta comprensión debería ayudar a reducir la hiperactividad no deseada en tu Golden Retriever.

Importancia de la socialización

"¡Nunca permitas que tu cachorro interactúe con ningún animal que tú no conozcas bien! ¿Qué podría ser peor que un cachorro inocente saltando hacia otro perro, o gato, solo para ser mordido, arañado o algo peor? Así que asegúrate de mantener toda la socialización bajo tu control. ¡Creo que lo más seguro es una clase para cachorros!"

Marnie J Harrell
Shadymist Kennel

Los Golden Retrievers son conocidos por ser perros muy sociables, tanto con humanos como con otros perros. Sin embargo, tienen un lenguaje especial con su propia raza, por lo que se deben fomentar las oportunidades de jugar con otros Golden. La socialización es primordial para un perro feliz y saludable. Un perro cuya vida está nublada por el miedo a otros perros o humanos puede demostrar agresión por miedo y problemas de salud relacionados con el estrés. Afortunadamente, esta no es la disposición natural de un Golden Retriever, por lo que a menos que estés adoptando un perro traumatizado, o tengas un perro de líneas

Foto cortesía de
Linda Walkowiak

de sangre indeseables, la socialización debería ser literalmente un paseo por el parque con esta raza.

Hay una "Ventana Dorada" para socializar a tu perro, y esta es desde el nacimiento hasta las 18 semanas, durante la cual el cerebro de tu cachorro está procesando activamente todas sus nuevas experiencias. Debes comenzar a socializar a tu Golden Retriever tan pronto como llegue a casa. Inicialmente, esto será con contacto humano y exposición a ruidos desconocidos, pero tan pronto como sus vacunas estén completas, tu perro puede comenzar las clases para cachorros. Para averiguar dónde se llevan a cabo en tu área local, consulta a tu veterinario. Pueden realizar clases en la propia clínica veterinaria; de lo contrario, podrán aconsejarte sobre clases cercanas. Las clases para cachorros son una forma ideal de comenzar la socialización a una edad temprana. Tu perro tendrá contacto con otros perros y personas que no conoce, y tú tendrás apoyo durante esta importante etapa, así como una introducción a las clases de adiestramiento que pueden ser parte del mismo programa.

Sobre todo, la socialización debe ser divertida para tu perro. Estar atento para cuando una situación pueda volverse mala es importante. Aprende a reconocer el lenguaje corporal de otros perros, y si no se produce un compromiso positivo dentro de tres segundos, el dueño debe alejar a su perro antes de que ocurra una confrontación. Aunque un Golden es menos vulnerable al ataque que un perro pequeño, las cicatrices emocionales duran más que las físicas, por lo que el dueño siempre debe estar en guardia durante estos importantes meses formativos iniciales.

Recuerda, tu perro también está aprendiendo de tu lenguaje corporal, por lo que captará tu miedo o ansiedad. Mantente optimista, recompensa el comportamiento positivo, mantén a tu perro enfocado y disfruta del viaje inquisitivo de tu cachorro hacia su nuevo mundo.

CAPÍTULO 4
Cómo elegir un Golden Retriever

¿Comprar o adoptar?

Así que, has sopesado cuidadosamente los pros y contras de compartir tu vida con un Golden Retriever y estás listo para el compromiso. La primera decisión que debes tomar es si vas a comprar un cachorro a un criador, o adoptar un perro de un refugio, en cuyo caso el perro generalmente será adulto.

Si planeas exhibir a tu perro, la segunda opción casi nunca será conveniente para ti, porque los perros de exposición requieren ejemplares con pedigrí completo y crianza acreditada por la Federación Cinológica Internacional. Es muy raro que un perro con este tipo de pedigrí termine en un refugio, y si lo hiciera, debido quizás a que un dueño entregó un perro que ya no podía cuidar por un cambio en sus circunstancias, entonces el refugio a menudo retendrá cualquier documentación para proteger el anonimato del dueño anterior. Esto le da al perro un nuevo comienzo. Si tus aspiraciones de exhibición son simplemente exposiciones locales o recreativas, la ausencia de documentos de pedigrí no será un problema, pero si esperabas participar en exposiciones de conformación oficiales, estas no estarán abiertas para ti. Además, los refugios generalmente esterilizan a los perros que pasan por su cuidado en el mejor interés de una vida estable en el futuro. Los perros esterilizados no pueden participar en exposiciones oficiales, aunque en algunos países puedes solicitar un "Permiso para Exhibir" a la organización canina correspondiente para tu perro esterilizado.

Los perros de exposición también requieren un adiestramiento y socialización específicos a temprana edad, lo que se aborda en el Capítulo 15. Si tu perro adoptado no tiene estos antecedentes, puede que no te sientas cómodo en la pista, y nada importa más cuando adoptas un perro de refugio que ayudarlo a adaptarse a su nueva vida dentro de su zona de confort y dejar atrás el pasado.

Si planeas trabajar con tu perro, nuevamente, puede que tu mejor opción sea elegir un perro cuidadosamente de líneas de sangre específicas para trabajo. Estos perros pueden tener niveles de energía más altos que sus contrapartes domésticas. También tendrás la oportunidad de adiestrar a tu perro desde cachorro. Por otro lado, un perro de líneas

Foto cortesía de
Brandon Short

Foto cortesía de
Ryan Pierce

de trabajo que ha resultado demasiado difícil de manejar en un hogar familiar puede terminar en un refugio. En estos casos, puedes encontrar un perro adecuado en un refugio que será mucho más feliz con la vida de trabajo que tú le estás ofreciendo. Sin embargo, probablemente tendrás más adiestramiento por hacer si el perro ya es adulto. Pero por naturaleza, el Golden Retriever es inteligente y desea complacer, por lo que reorientarlo será menos desafiante que con ciertas otras razas.

No se puede negar que rescatar a un perro trae su propia sensación de recompensa. Al transformar la vida de un perro no querido, estás haciendo algo realmente positivo. Además, si prefieres saltarte la etapa de cachorro, puedes tener la suerte de encontrar un perro con adiestramiento básico ya establecido. La adopción también puede ser adecuada para una persona mayor que podría estar mirando hacia un futuro no muy lejano cuando su movilidad no continúe al ritmo de las necesidades de un Golden Retriever. Compartir los años crepusculares de un perro es un momento especial. Los perros mayores incluso pueden venir con algún apoyo financiero de la organización de rescate, ya que se reconoce que los costos veterinarios serán más elevados en este capítulo de sus vidas.

Si eliges comprar un cachorro, recuerda que se espera que un Golden Retriever viva entre 10 y 12 años, por lo que debes reconocer cómo puede cambiar tu vida durante este período. Sin embargo, tendrás el placer de compartir toda la vida de tu perro con él, y realmente se convertirá en parte de la familia.

Investigando el establecimiento

"Deberías buscar un criador que realice todas las pruebas de salud, incluyendo caderas, ojos, codos y corazón, así como cualquier prueba de ADN adicional que esté disponible. También debes hacer preguntas como: ¿cómo se crían los cachorros?, ¿cómo se socializan? y ¿qué edad tienen cuando se van a casa?"

Angel Martin
Goldensglen Goldens

Ya sea que elijas comprar o adoptar un Golden Retriever, tienes dos valiosos recursos disponibles para encontrar a tu compañero canino. Estos son la organización canina de tu país y el Club de Golden Retriever de tu país. Al seguir establecimientos aprobados, ya sean criadores o refugios, puedes estar seguro de que el perro que elijas tendrá la mejor oportunidad de estar saludable, y sabrás que no estás apoyando involuntariamente a organizaciones fraudulentas.

La trampa más insidiosa en la que puede caer el futuro dueño es comprar en una fábrica de cachorros. Es de pú-

Foto cortesía de Angie Wrightstone

blico conocimiento que la cría industrial de cachorros es inhumana, que los perros se mantienen en condiciones insalubres y hacinadas, y que se permite que las debilidades de la raza se perpetúen en los ejemplares hasta el punto de que pueden terminar sufriendo o incluso necesitar ser sacrificados poco después de la compra por sus desprevenidos dueños.

La mayoría de los posibles compradores piensan que nunca serían tan inconscientes como para comprar en una fábrica de cachorros. Sin embargo, tales establecimientos casi siempre se exhiben en una habitación limpia y ordenada en una casa, donde se muestra el cachorro al comprador. Si se muestra a alguno de los padres, puede que ni siquiera sea el verdadero progenitor del cachorro. El cachorro también carecerá de documentos si el criador no está aprobado por la organización canina oficial, lo que debería ser un indicador de que los perros no están siendo criados a partir de ejemplares que se ajusten al estándar de la raza. La documentación puede no parecer importante si no tienes la intención de exhibir a tu perro, pero los Golden Retrievers son propensos a muchos problemas de salud genéticos que la cría responsable eliminará de la línea. Por muy lindo que parezca un cachorro de un criador no registrado, si alberga defectos genéticos, tendrás garantizada la angustia más adelante, y estarás apoyando la cría irresponsable al comprar de un establecimiento que no tiene en cuenta los intereses del perro.

Si estás adoptando un Golden Retriever de un refugio, encontrarás que hay varias organizaciones de rescate que atienden exclusivamente a Labradores y Retrievers. Al elegir adoptar de una de estas, sabrás que el establecimiento comprende la raza, y durante el tiempo que el perro ha estado en el centro de rescate, sus necesidades específicas habrán sido satisfechas de la manera más apropiada, y cualquier problema de salud habrá sido atendido. Los Retrievers generalmente son acogidos temporalmente durante su tiempo en el rescate. Esto es menos perturbador para el perro que pasar tiempo en perreras, y permite al rescate evaluar al perro en el entorno doméstico, así como su reaccción frente a niños, gatos y otros estímulos cotidianos. Debes esperar pagar una tarifa de reubicación al adoptar un perro de rescate. Esto cubre en parte los costos de esterilización, desparasitación, vacunación y microchip del perro, así como cualquier atención veterinaria, alojamiento, transporte y costos de alimentación. En la práctica, el cuidado de tu perro puede haber excedido en gran medida esta cantidad, y en vista del costo de compra de un perro de pedigrí, la tarifa de reubicación nunca debe considerarse excesiva.

Por otro lado, las organizaciones de rescate pueden ser establecidas por cualquier persona, y pueden existir refugios menos recomendables donde el desafortunado perro no es evaluado adecuadamente, sus necesidades de salud no son atendidas e incluso pueden deteriorarse, y es poco probable que sea esterilizado, desparasitado o incluso vacunado. Ten en cuenta que traer a tu hogar un perro de rescate no vacunado puede ser un riesgo si tienes otros perros. Incluso si no los tienes, perder a tu nuevo perro de rescate por parvovirus, que es un riesgo particular en cachorros, es desgarrador. Si bien algunos perros necesitan ser rescatados de organizaciones de rescate sin escrúpulos, existe el aspecto desafortunado de que tales acciones bien intencionadas están efectivamente fomentando la existencia de tales prácticas.

Infórmese sobre los padres

Si estás comprando un cachorro, probablemente habrás visto la camada y posiblemente reservado tu favorito mientras todavía estaban con la madre antes del destete. El criador habrá podido informarte todo sobre la madre, sus líneas de sangre y su propia salud personal. Sin embargo, el criador puede no ser dueño del padre. Es posible que puedas hacer un arreglo para verlo; de lo contrario, deberás verificar su pedigrí. Con ambos padres, investiga las líneas de sangre. ¿Los cachorros provienen de líneas de trabajo o son predominantemente animales de compañía? ¿Hay campeones de exposición anteriores en el pedigrí sobre los que puedas informarte? Sé cauteloso con la endogamia excesiva, donde los mismos nombres aparecen varias veces, especialmente en los pedigríes de ambos padres. Estos pueden indicar una mayor predisposición a enfermedades genéticas. El criador podrá mostrarte la certificación de las puntuaciones de cadera y codo de ambos padres, que son especialmente importantes para los Golden Retrievers, pero ¿qué significan estas?

Puntuaciones de cadera:

Una puntuación de cadera es una medida de evidencia de displasia de cadera. Esta es un desarrollo anormal heredado de la cadera que causa inestabilidad y laxitud en la articulación, y el perro sentirá gran dolor a medida que envejece. La displasia de cadera no será evidente en el cachorro, por lo que debes consultar las puntuaciones de cadera de los padres para saber si está genéticamente condicionado a heredar el problema.

Las puntuaciones van de 0 a 106, y cuanto más baja sea la puntuación, mejor. Los Golden Retrievers reproductores deberían puntuar por debajo de la mediana de la raza, que es 11.

Puntuaciones de codo:

Los Golden Retrievers también son susceptibles a la displasia de codo, que se presenta de la misma manera que la displasia de cadera pero en la extremidad delantera y conduce a la osteoartritis de la articulación del codo.

Una puntuación de codo solo va de 0 a 3, siendo 0 libre de la condición y 3 gravemente afectado. Aunque los dos codos pueden registrar diferentes puntuaciones, solo se da un número en el certificado, y esta condición es peor que la de cadera. Buscarás una puntuación de cero en ambos padres para estar seguro de que tu perro no está en riesgo de displasia de codo heredada.

Pruebas genéticas:

Las pruebas genéticas para trastornos hereditarios son un desarrollo reciente en la cría de perros, pero tienen la ventaja de que los perros que son portadores de ciertos trastornos sin mostrar síntomas pueden ser impedidos de perpetuar sus genes, o solo aparearse con perros que se presentan como no portadores de genes de la condición. Un perro y una perra aparentemente no afectados, pero que portan un gen recesivo para la condición, podrían producir descendencia que sufra del trastorno. Los trastornos en los Golden Retrievers que pueden ser detectados mediante pruebas genéticas incluyen ICT-A (Ictiosis), que es un problema de piel excesivamente escamosa, y ARP (Atrofia Retinal Progresiva), que causa ceguera.

En esta etapa, no todos los criadores de Golden Retriever habrán realizado pruebas genéticas en sus perros adultos, pero para aquellos que lo han hecho, si los resultados son claros, te dará la tranquilidad adicional de que no hay sorpresas desagradables a la vuelta de la esquina para tu perro en la vida que tendrá.

Observando al cachorro

Así que, ha llegado el emocionante momento de visitar la camada de cachorros de la cual elegirás a tu nuevo compañero. Esto puede ser cuando los cachorros tienen alrededor de 5-7 semanas de edad y aún no están destetados. Con un Golden Retriever, puede resultarte muy difícil diferenciar entre estas pálidas y movedizas bolitas de pelo, ya que la raza generalmente no tiene marcas distintivas. Sin embargo, incluso en esta etapa hay cosas que debes buscar.

La pregunta más obvia que te habrás hecho es si deseas tener un macho o una hembra. Dependiendo de si planeas exhibir o reproducir a tu perro, tendrás expectativas muy diferentes sobre él, en comparación con si simplemente estás buscando un mejor amigo. Si la raza Golden Retriever está realmente en el límite superior del tamaño que tu hogar puede acomodar, es posible que desees seleccionar una hembra, ya que estas generalmente son más pequeñas que los machos como adultos. Las perras también pueden ser menos bulliciosas. Si no tienes la intención de hacerla tener

Foto cortesía de Travis Brady

cría, sin embargo, deberás considerar esterilizarla después de su primer celo. Esto también eliminará las molestias del celo semestral y la protegerá de la piometra. Si prefieres un perro macho, debes estar preparado para entrenarlo para que abandone instintos como el marcaje con orina en el hogar, si esto surgiera, y considerar castrarlo si no tienes la intención de reproducirlo y no quieres que persiga a perras receptivas en el parque.

El color de la camada generalmente será más claro que sus pelajes adultos; sin embargo, para un indicador de su color adulto debes mirar las orejas. Estas pueden verse más oscuras en el cachorro y mostrar el tono que alcanzará el resto de su pelaje cuando sea adulto.

Debes asegurarte de que el cachorro que te llama la atención esté limpio y no huela mal. Su pelaje debe sentirse lujoso y sedoso sin costras ni pulgas. Revisa sus ojos y orejas en busca de secreciones y siente su barriga. Debe estar regordeta pero no dura. Si está distendida, puede indicar un problema de lombrices.

Si tienes la intención de exhibir a tu perro, busca un cachorro que muestre evidencia de coincidir con el estándar de la raza, sin marcas inusuales. Esto se discute más a fondo en el Capítulo 15. Y si estás buscando un perro de trabajo, querrás elegir al candidato con mayor energía. Sin embargo, si estás buscando un perro de compañía, solo debes confiar en una conexión. Es una de esas cosas que realmente no puedes calificar: simplemente sabes que este cachorro en particular está destinado a ser parte de tu vida.

Consideraciones sobre un perro de rescate

"Con respecto a los perros de rescate; es importante entender que la mayoría de estos perros no son criados por criadores responsables, a menudo pueden venir con problemas médicos y/o de temperamento. Eso no significa que no puedan ser buenas mascotas, pero sí significa que pueden requerir más diligencia con respecto al cuidado y adiestramiento".

Gina Carr
Brier Golden Retrievers

Si has decidido adoptar un perro de rescate, y has tenido la suerte de encontrar uno con el que conectas y que necesita un buen hogar, lo primero que puedes esperar es que se verifique tu casa. Esto no es tan intimidante como suena, ya que el representante del refugio que visita tu hogar no está buscando polvo sobre los marcos de las puertas; él o ella simplemente está verificando que tú vives donde dices que lo haces, que tu contrato de arrendamiento, si alquilas tu casa, permite perros, que tu hogar y jardín son seguros y están libres de objetos peligrosos, que tu alojamiento es adecuado para un perro de raza grande, y que todos en la familia han pensado en las implicaciones de tener un perro y tienen una comprensión básica de lo que implica.

Si has tenido perros antes, incluso Golden Retrievers, no debes sentirte menospreciado por una verificación del hogar, ya que simplemente indica que el rescate está tomando en serio su deber de cuidado, y no desea colocar a un perro en una situación donde pueda ser devuelto al refugio cuando las cosas no funcionen. Dicho esto, un aspecto positivo de adoptar un perro de rescate es que si ocurriera lo imprevisto, el rescate ofrece respaldo completo, y tomará al perro de vuelta y le encontrará otro hogar. De hecho, esta es generalmente una condición que tú aceptas al adoptar de un refugio. Tú no eres dueño del perro y no tienes derecho a reubicarlo por tu cuenta sin el permiso de la organización de rescate original, que se ha comprometido con ese perro por el resto de su vida para asegurar que nunca más sea defraudado por humanos, y siempre tendrá la oportunidad de un hogar amoroso y responsable.

Antes de la verificación del hogar, asegúrate de haber realizado las modificaciones necesarias en el límite de tu patio para garantizar que un perro grande no pueda escapar. Además, si alquilas su casa, asegúrate de tener a mano tu contrato de alquiler. No hacer ninguna de estas cosas significará que el verificador del hogar deberá regresar, lo que retrasará la adopción y podrías incluso perder el perro que hayas reservado.

Si ya tienes perros, es posible que debas participar en un "Encuentro y Saludo" antes de la adopción, para verificar que tus perros probablemente se lleven bien. Esto suele ser en territorio neutral, ya que el nuevo perro estaría en desventaja en esta evaluación si se llevara a cabo en el hogar de tu perro más antiguo.

Tu perro de rescate puede necesitar consideraciones especiales cuando lo lleves a casa. Puede sentirse inseguro inicialmente en su nuevo entorno y esto puede manifestarse en problemas de comportamiento que son simplemente parte del proceso de transición. Si tienes otro perro, incluso pueden pelear, y puedes querer renunciar al recién llegado. Pero con paciencia y sentido común, estos problemas iniciales deberían superarse. Una buena organización de rescate siempre estará allí para apoyarte, ya que es de interés para todos, especialmente para el perro, que el arreglo sea un éxito. Si los problemas persisten, se puede llamar a un especialista en comportamiento para ver dónde se podrían hacer mejor las cosas. Esto no significa que hayas fracasado, sino que es un paso necesario para cambiar las cosas. La organización de rescate puede organizar e incluso pagar por ayuda profesional si fuera necesario.

La mayoría de las adopciones, sin embargo, son sin problemas, y tu nuevo perro pronto te estará mostrando su aprecio por la nueva vida que le has dado. Los Golden Retrievers son generalmente una raza tranquila y adaptable, y en poco tiempo, parecerá como si siempre hubiera sido parte de tu familia.

CAPÍTULO 5
Preparativos para un Nuevo Perro

Preparando Tu Hogar

"¡Haz el 'gateo de bebé' por toda tu casa! ¡Así como los padres preparan su casa para un bebé, tú debes prepararla para tu cachorro! ¡Si tú puedes verlo, escalarlo, morderlo o alcanzarlo y está a menos de 30 centímetros del suelo, entonces tu cachorro también puede!"

Marnie J Harrell
Criadero Shadymist

Ya sea que estés listo para dar la bienvenida a un cachorro de ocho semanas a tu hogar, o a un perro adulto de un refugio, las semanas previas a este emocionante día deben utilizarse para asegurarte de que tu hogar esté preparado para la nueva llegada.

Si ya tienes uno o varios perros, es posible que ya te sientas perfectamente preparado. Sin embargo, aún habrá algunas cosas que considerar. Al asegurar tu patio, debes tener en cuenta el tamaño y la etapa de vida del perro que recibirás. Si vas a traer un cachorro a casa, es posible que tu patio no esté necesariamente seguro aunque ya tengas un perro. Los cachorros, obviamente, son pequeños y pueden escabullirse por debajo de tu cerca o a través de pequeños agujeros que no representarían una vía de escape para tu perro mayor. Además, aún no tienen sentido del territorio, y su curiosidad natural los hará más propensos a escaparse. Esto también se aplica a un perro adulto de un refugio. Todavía no sabe a dónde pertenece y puede intentar regresar al último lugar del que vino. Por lo tanto, con un perro adulto, asegúrate de que la cerca de tu patio sea lo suficientemente alta para evitar que salte. Se recomiendan 1,80 metros. Si tu cerca existente no es tan alta, utiliza las semanas previas a la llegada de tu perro para reemplazarla o añadir enrejados o malla ciclónica. También recuerda que los perros cavan, así que asegúrate de que la cerca llegue hasta el suelo. Si tu nuevo perro resulta ser un excavador empedernido, es posible que tengas que enterrar la cerca en el suelo o colocar losas de pavimento alrededor del perímetro de tu patio.

Foto cortesía de
Troy Folsom

El Golden Retriever es un perro de pedigrí y, como tal, es un objetivo para los ladrones. Asegúrate de colocar dos cerrojos, uno arriba y otro abajo, en el interior de la puerta de tu patio si aún no los tienes. Un candado es aún mejor. Si bien estas medidas no detendrán a un ladrón determinado si tu perro se queda desatendido en el patio, evitarán un robo oportunista.

Tu perro utilizará tu patio para hacer sus necesidades y, tengas o no niños, limpiar los desechos diariamente es muy importante para la salud de tú y tu familia. Piensa dónde desecharlos y considera si deseas dividir tu patio para que tus hijos puedan jugar en una sección a la que el perro nunca tenga acceso. También puedes considerar cercar áreas como una piscina o estanque, ya que tu Golden Retriever se sentirá magnéticamente atraído por cualquier agua. Además, asegúrate de retirar cual-

Foto cortesía de Brandon Short

quier objeto potencialmente peligroso y reparar cualquier vidrio roto en un invernadero, por ejemplo.

Si eres un jardinero entusiasta, verifica que las plantas en tu patio no sean venenosas para los perros y, si lo son, considera retirarlas o replantarlas en un área a la que el perro no tenga acceso. Además, si utilizas cebos para babosas o ratas, deberás retirarlos y buscar métodos más naturales de control de plagas.

Dentro del hogar, piensa en las áreas de la casa a las que tu nuevo perro tendrá acceso y dónde dormirá. Algunos dueños prefieren que sus perros no suban las escaleras, en cuyo caso puedes instalar una puerta de seguridad mientras tu perro aprende los límites. Las puertas de seguridad también pueden seccionar ciertas habitaciones, ya que es posible que desees mantener tu sala de estar libre de pelo de perro, dado que los Golden Retrievers son perros que mudan abundantemente. Siempre es mejor restringir el acceso de tu perro desde el principio para que nunca extrañe lo que nunca ha tenido, en lugar de decidir más tarde que preferirías no compartir tu cama con un perro.

El Capítulo 4 explicó cómo los cachorros morderán todo. Está en su naturaleza y alivia el dolor de la dentición, además de proporcionar confort y aliviar el aburrimiento. Por lo tanto, ahora es el momento de retirar todos los objetos móviles que no deseas que sean destruidos, y si tienes muebles costosos en las habitaciones a las que tu perro tendrá acceso, podrías considerar guardarlos por un tiempo y reamueblar con artículos baratos o de segunda mano. La etapa de cachorro no dura para siempre, y tu perro no debe ser castigado mientras aún se le enseña qué puede y qué no puede morder.

Tu nuevo perro también tendrá inevitablemente accidentes en interiores mientras aprende a hacer sus necesidades afuera. Si tienes pisos duros, estos serán bastante fáciles de limpiar, pero si tienes alfombras y deseas conservarlas, considera invertir en una aspiradora para alfombras con función de lavado para poder lidiar con calma y prontitud con cualquier suciedad. Esto no solo es un problema de higiene, sino que un perro volverá a las áreas que huelen a su propia orina, por lo que vale la pena estar preparado.

Si has decidido entrenar a tu perro con jaula, piensa dónde colocarla. Debe ser un lugar sin corrientes de aire y donde el perro se sienta cómodo. Si le permitirás estar en la sala de estar, entonces un rincón acogedor donde pueda sentirse parte de la familia en su propio espacio seguro es ideal. Si va a estar más restringido, elige una parte cálida pero no demasiado caliente de la cocina, donde pueda observar todo lo que sucede pero no se torture demasiado con el olor del tocino cocinándose. O un lugar en el pasillo lejos de las corrientes de aire, ya que a los perros a menudo les gusta instalarse cerca de la puerta principal. Puedes colocar una manta sobre la jaula para crear una guarida y cubrir el frente por la noche para que tenga algunas señales de cuándo debe descansar.

Lo siguiente a considerar es cómo deseas transportar a tu perro, y para la mayoría de las personas, será en el automóvil. El Capítulo 7 trata todos los aspectos del transporte de tu perro, y cuando hayas tomado la decisión de usar una jaula, una rejilla para perros o un arnés, deberás instalar el accesorio elegido antes del día en que recoja a tu nuevo perro. Coloca también algunas toallas y toallitas húmedas en el automóvil, en caso de que tu perro se maree, o en el caso de que tenga un accidente en el camino a casa. Además, si tienes un viaje más largo que hacer, asegúrate de tener una correa y un collar o arnés, un recipiente y una botella de agua para poder detenerte en el camino y darle agua y un descanso.

Si inviertes tiempo en las semanas previas a la llegada de tu nuevo perro en preparar tu hogar, proporcionarás una transición tranquila para el perro, y cualquier estrés potencial por traer un animal a un espacio de vida humano será previsto y minimizado.

Lista de Compras

Foto cortesía de
Julie & Holly Simmons
PrairieWyn Golden Retrievers

Puede ser divertido comprar cosas para un nuevo perro, pero cuando entras en la tienda de mascotas, ¡la variedad de accesorios puede ser bastante abrumadora! Entonces, ¿qué necesitas realmente para tu nuevo perro, y específicamente para un Golden Retriever?

Las jaulas también se tratarán en el Capítulo 7, y ya sea que decidas o no entrenar a tu perro con jaula, sigue siendo útil tener una. Esto puede proporcionar una guarida opcional para tu perro en la casa, puede usarse para viajar, para separar a tu perro en ciertas situaciones, para proteger tu hogar durante ausencias cortas y para hospitalización, por ejemplo, si tu perro necesita descansar por una lesión. Puedes comprar jaulas de alambre o de tela, cualquiera de las cuales se pliega para almacenamiento o viaje. Las jaulas de alambre también vienen con cubiertas, pero puedes usar cualquier manta o toalla para el mismo propósito.

Un Golden Retriever adulto requerirá una jaula extragrande, que en cualquier caso puede ser demasiado grande para tu automóvil, pero comprar una jaula de este tamaño para un cachorro puede hacerlo sentir inseguro. Por lo tanto, una jaula de tamaño mediano que puedas usar en el automóvil y que te servirá durante sus primeros nueve meses es un buen comienzo.

El artículo más divertido de elegir es la cama de tu perro. Ten en cuenta que tu perro puede destruir su cama en las primeras etapas, por lo que puede ser mejor elegir una cama más económica siempre que la cubierta parezca duradera. Puedes preferir una cama de plástico, ya que estas son resistentes a las mordeduras y puedes hacerlas cómodas con mantas viejas o toallas que se lavan fácilmente. Si estás comprando un cachorro, es posible que estés pensando en su tamaño adulto, pero en realidad, probablemente habrá destruido su cama para cuando alcance la madurez, por lo que puede sentirse más seguro en una cama que no sea mucho más grande que su necesidad actual. Una vez que haya perdido sus afilados dientes de cachorro y haya aprendido sobre las mordeduras inapropiadas, ¡puedes pasar a esa cama lujosa y costosa de un tamaño extra grande para Golden Retriever!

Cuando estés por ir a recoger a tu perro, es probable que aún no tengas tu propio collar y correa, así que esto es algo que deberás elegir de antemano. Elige un collar con un amplio rango de ajuste si aún no tienes a tu perro para conocer su tamaño. Sin embargo, no elijas una cadena de ahorque; esto es demasiado severo para tu cachorro. También necesitarás una correa corta con clip. En esta etapa, no querrás una correa extensible. Estas correas son populares pero controvertidas, ya que pueden fallar al bloquearse o causar enredos, y no fomentan un entrenamiento adecuado. Tienen sus usos para ciertos perros adultos pequeños con mal retorno al llamado, pero tu Golden Retriever es lo suficientemente inteligente como para aprender a no necesitar una correa extensible y, en cualquier caso, su tamaño, fuerza y exuberancia no son adecuados para correr hasta el final de una correa larga.

Un arnés siempre es una buena idea porque es más seguro que un collar y correa. Un perro puede retroceder y salirse de su collar, y si la correa está unida al collar, puede causar tensión en los delicados huesos del cuello. Un arnés desvía y distribuye esa tensión a través del área del pecho, que está mejor equipada para manejarla. Cuando entrenes a tu perro, utilizarás un collar y correa, pero cuando lo lleves a entornos inseguros, especialmente cerca de carreteras, se recomienda un arnés. Necesitarás un arnés apropiado para su tamaño actual. Aunque hay un rango de ajustabilidad en un arnés, puedes tener que comprar tamaños más grandes a medida que tu Golden Retriever crece. Con un perro adulto entrenado, probablemente descubrirás que ya no necesitas un arnés para tu Golden, ya que tienen un excelente retorno al llamado y generalmente se ejercitan sin correa.

Tu nuevo perro necesitará al menos un recipiente para comida y un recipiente separado para agua que debe estar disponible en todo momento. Estos no necesariamente tienen que venir de la tienda de mascotas; cualquier recipiente pesado de la cocina servirá.

Si estás comprando comida para tu nuevo perro, asegúrate de haber verificado qué comida ya está consumiendo, ya que cualquier cambio debe realizarse muy gradualmente. El criador puede enviarlo a casa con algo de la comida actual. Si deseas cambiarlo a otra cosa, espera unas semanas mientras se adapta y solo entonces debes mezclar un poco de la nueva comida con su comida actual, aumentando gradualmente la proporción durante un período de algunas semanas. Esto lo protegerá contra cualquier malestar estomacal que puede ocasionarle un cambio repentino de dieta.

Aunque es divertido comprar cosas para un nuevo perro, el costo puede parecer desalentador, pero hay formas de mantenerlo al mínimo. Para empezar, no todo lo que compres necesita ser nuevo. Siempre que laves a fondo los artículos de segunda mano, puedes encontrar las cosas en tu lista de compras en ventas de garaje, sitios de subastas en línea, anuncios clasificados o de amigos y familiares. Como ya se mencionó, también puedes usar toallas y mantas viejas. Tu perro no tiene concepto de lo que has gastado en su comodidad. ¡Mientras sea seguro y limpio, lo apreciará ya sea que provenga de una tienda de diseñador o de una venta de garaje! Estas preferencias son puramente tu propia elección.

Presentando Tu Nuevo Golden Retriever a Otros Perros

Foto cortesía de Kristin Stohl-Carlson

Si ya tienes uno o varios perros en tu hogar, traer a un recién llegado a la familia podría no ser tan bien recibido por los perros residentes como la emoción que tú mismo sientes. Pero hay una manera correcta y otra incorrecta de abordar esto.

Si estás adoptando un perro de un refugio, es posible que ya hayas presentado a tu perro más en un "Encuentro y Saludo", pero como esto probablemente habrá sido en territorio neutral, la interacción entre los perros posiblemente habrá sido más aceptable que cuando ocurra en el entorno hogareño de un perro ya residente.

Si tu nuevo perro y el perro residente ya han tenido la oportunidad de conocerse en terreno neutral, como un paseo, este es un buen comienzo. Sin embargo, en la mayoría de los casos, la primera vez que se conocerán es cuando traiga a tu nuevo perro a casa.

Para empezar, es una mala idea abrir la puerta principal con tu nuevo perro y dejar que se conozcan por primera vez dentro del hogar en el territorio del perro residente, incluso si tu perro residente está acostumbrado a perros visitantes. Para comenzar de la mejor manera, debes llevar a tu perro residente al patio y distraerlo por un tiempo, mientras tu pareja o un ayudante instala al nuevo perro dentro del hogar. Una vez que el nuevo perro se haya calmado a un nivel razonable, permite que tu perro más antiguo entre para conocer a tu nuevo amigo. Trata de evitar la tentación de intervenir demasiado en su contacto inicial y dales mucho espacio. El ambiente puede parecer cargado, e incluso puede haber algunas peleas; todo esto es parte de la organización de las nuevas dinámicas. Tú debes estar allí para monitorear la situación y separar a los perros si es necesario, pero un enfoque severo no ayudará a los perros a establecer su propia relación, por lo que solo debes intervenir si es necesario. Dejar que los perros salgan juntos al patio cerrado de forma segura es un buen siguiente paso, ya que estarán mejor dispuestos a llevarse bien en un espacio menos confinado.

Si tu perro antiguo es un adulto y has traído un cachorro al hogar, puedes esperar que tu perro ya residente le enseñe algunos modales al pequeño intruso en las primeras semanas, por lo que no debes alarmarte demasiado si tu perro mayor reacciona negativamente a la exuberante invasión del cachorro en su espacio personal. Usar una jaula para el cachorro puede darle a tu perro mayor un tiempo de descanso. Con el tiempo, resolverán las cosas entre ellos, y puede ser una ventaja para el cachorro recibir educación de tu perro adulto, además del entrenamiento y la socialización que tú le proporcionarás.

Presentar a tu nuevo Golden Retriever a otros perros fuera del hogar es una etapa vital en su vida si es un cachorro, ya que las primeras 14 semanas de vida son críticas para la socialización. Si durante este período vital no ha estado expuesto a muchos entornos diferentes y a otros humanos y perros, puede causarle miedo durante toda su vida. Por lo tanto, si obtienes a tu cachorro a las ocho semanas de edad, tienes seis semanas importantes para llenar con tantas oportunidades sociales como sea posible. Como tu cachorro aún no tendrá inmunidad completa de su primera ronda de vacunas, aún no podrá salir a lugares públicos donde hayan estado perros no vacunados; sin embargo, los veterinarios a menudo organizan clases para cachorros que están abiertas a perros tan pronto como hayan recibido la primera de sus vacunas iniciales, por lo que debes consultar sobre estas con tu veterinario. Tu cachorro, por supuesto, puede conocer a los perros de tus amigos siempre que estén completamente vacunados.

Si has adoptado un perro de rescate, naturalmente habrá tenido mucha exposición a otros perros, pero si ha tenido malas experiencias en el pasado, puede haber algunas barreras psicológicas que superar. Tu perro de rescate incluso puede tener una fobia a ciertas razas si ha sido atacado en el pasado. Aunque la mayoría de los perros de rescate no vienen con este tipo de problemas, si es algo que surge, es posible que necesites resocializar cuidadosamente a tu perro estableciendo buenas experiencias para él, permitiéndole citas de juego con perros dóciles seleccionados entre tu círculo de conocidos. Los Golden Retrievers se sienten especialmente atraídos por su propia raza, por lo que si conoces a alguien con un Golden tranquilo y gentil, esto será una ventaja para ayudar a tu perro a superar su miedo. Sin embargo, cuando estés en público en situaciones no controladas, siempre deberás estar un paso adelante para anticipar situaciones negativas y evitarlas sin ningún sentido de pánico que pueda transmitirse a tu perro. Aprende a leer el lenguaje corporal de otros perros y siempre aleja a tu perro si las cosas aparentan ponerse feas. Necesitas construir buenas experiencias para tu perro temeroso y él aprenderá a confiar en ti y ganará confianza. Sin embargo, es tu responsabilidad ponerle un bozal a tu perro en público si es el agresor potencial.

Presentando Tu Nuevo Golden Retriever a los Niños

Si estás adoptando un Golden Retriever de un refugio, la organización habrá evaluado primero al perro y no colocará a un perro temeroso con una familia que tenga niños debido al riesgo de que el perro muerda y también esté muy estresado. En consecuencia, si tienes niños y un refugio acreditado te ha permitido adoptar un Golden Retriever, el perro habrá sido probado con niños, y tu trabajo está parcialmente hecho. Al menos desde la perspectiva del perro. La otra parte consiste en educar a tus hijos.

Foto cortesía de
Curtis McCollough

En las semanas previas a la llegada de tu nuevo perro, ya sea un cachorro o un Golden Retriever adulto, debes llevar a tus hijos a conocer tantos perros amigables con niños como sea posible, especialmente perros más grandes, ya que tu Golden Retriever crecerá rápidamente si aún no es un adulto, y tus hijos necesitan saber cómo respetar a un perro.

Muestra a tu hijo cómo acercarse al perro suavemente, ofreciendo un puño cerrado para que el perro lo olfatee. Luego permite que tu hijo acaricie la parte posterior del cuello del perro. Enséñales a nunca pinchar al perro o tirar de sus orejas, cola o pelaje, y nunca gritarle al perro, o tocarlo cuando está comiendo, masticando o durmiendo. Asegúrate de que el niño sepa que la forma de jugar con un perro es con juguetes seguros, ya que el juego brusco fomenta la agresión. Si tu hijo es mayor, muéstrale cómo puede participar en el cuidado diario del perro, alimentándolo, cepillándolo, jugando, paseando y entrenando al perro contigo.

La dinámica entre un niño y un perro no es la misma que con un adulto. Un perro puede intentar dominar a un niño, al establecer su lugar en el orden jerárquico entre el cuidador adulto y el niño subordinado. Esto puede llevar al perro a gruñir o mostrar los dientes al niño, lo que es una barrera importante para una relación feliz. Afortunadamente, el Golden Retriever es reconocido como un perro familiar perfecto, además de ser muy entrenable y ansioso por complacer, por lo que enseñarle al perro su lugar en la manada no debería ser demasiado difícil. Sin embargo, si los problemas persisten, vale la pena consultar a un especialista en comportamiento para ver si se podría hacer algo mejor antes de que el comportamiento indeseable se arraigue demasiado.

Vale la pena tener en cuenta en una situación familiar con niños pequeños, que permitir que el perro duerma en el dormitorio con sus humanos adultos, o incluso en su cama, puede fomentar delirios de superioridad en el perro. Por lo tanto, desde el principio, si hay niños pequeños en el hogar, se debe entrenar al perro para que duerma en la planta baja. Involucrar a los niños en el entrenamiento y la alimentación del perro también ayuda a establecer su posición de autoridad por encima del perro, por lo que es menos probable que sean desafiados.

Para un niño, crecer con un perro es una educación única. Enseña cuidado y respeto, gentileza y responsabilidad. Fomenta el ejercicio físico, y los estudios incluso muestran que la exposición a los perros disminuye las alergias y el asma en niños pequeños. También enseña a un niño cómo lidiar con el dolor de la pérdida, una lección dura pero necesaria para la vida posterior. La elección de un Golden Retriever no solo proporciona a tu hijo un mejor amigo, sino que moldeará su carácter y los preparará para el futuro.

CAPÍTULO 6
Adiestramiento

"Los Golden son muy fáciles de adiestrar. Uno de sus mejores atributos es cuánto aman complacer a las personas y su deseo de hacer lo que sus dueños les piden".

Angel Martin
Goldensglen Goldens

Como hemos mencionado anteriormente en este libro, tu Golden Retriever es un perro inteligente. La característica que se utiliza oficialmente para describirlo en el estándar de la raza es "dócil", lo que significa ansioso por complacer. ¡Así que solo está esperando tus instrucciones! Existe una razón por la cual los Golden Retrievers se utilizan como perros de asistencia y en búsqueda y rescate, y es porque son muy adiestrables. Desde el principio puedes establecer altas expectativas para tu perro. Incluso si no aspiras a un concurso de talentos televisivo, un perro bien adiestrado se adaptará a tu vida mucho más fácilmente y, a su vez, tu perro será más feliz. Con un perro grande como el Golden Retriever, el adiestramiento es la clave para una relación familiar armoniosa.

La clave para enseñar a tu perro a obedecer tus reglas radica en el entrenamiento asociativo. Este es un principio que crea conexiones en el cerebro de tu perro, como se evidencia en el caso del perro de Pavlov. A principios del siglo XX, un científico experimental llamado Ivan Pavlov, que investigaba la función digestiva canina, notó que sus sujetos salivaban cuando se les presentaba comida. Luego introdujo un sonido específico a la hora de las comidas y descubrió que, incluso cuando no había comida presente, los perros seguían salivando al escuchar el sonido, demostrando que un perro puede formar asociaciones en el cerebro, un proceso denominado "condicionamiento clásico".

Recuerda que la clave para un adiestramiento exitoso es lograr que tu perro centre su atención en ti. Toma una pista del perro de Pavlov: la comida es un excelente motivador. Los Golden Retrievers están muy orientados a la comida, por lo que entrenar con un premio en la mano producirá resultados rápidos. Puedes usar simplemente una porción de sus croquetas regulares para el adiestramiento; de lo contrario, puedes

*Foto cortesía de
Dylan Starer*

utilizar pequeños premios de entrenamiento o trocitos de hígado horneado para no añadir demasiadas calorías extras a la ración diaria de tu perro. Cualquiera que sea tu elección, debes ajustar las porciones de sus comidas en consecuencia. El elogio también significa mucho para tu perro y, a medida que progrese, puedes reducir los premios y simplemente recompensarlo con muchas muestras de afecto por hacer lo correcto.

Entrenamiento de Control de Esfínteres

Para los propósitos de esta sección, asumiremos que estás trayendo a casa un cachorro. Sin embargo, si has adoptado o comprado un perro adulto que quizás ha vivido en perreras o no ha sido adecuadamente adiestrado, el método de entrenamiento de control de esfínteres es básicamente el mismo. La diferencia entre un cachorro y un perro adulto es que el cachorro aún no tiene control total de su vejiga e intestinos. Por lo tanto, por mucho que quiera complacerte cuando se da cuenta de que el exterior es el lugar para hacer sus necesidades, si no se le saca afuera con la suficiente regularidad, puede ensuciar involuntariamente dentro de la casa. Por otro lado, un perro adulto en la mayoría de los casos tiene el control físico, pero sus hábitos están más profundamente arraigados. En ambos casos, la paciencia es la clave, y el éxito debería llegar tarde o temprano.

Existen diferentes estrategias para enseñar a tu perro el control de esfínteres. La primera es la supervisión activa, estar siempre listo para sacar a tu perro afuera; la segunda es restringir el acceso de tu perro al hogar en las primeras etapas cerrando puertas, usando corrales de juego o instalando puertas para escaleras; y la tercera es el entrenamiento con jaula. Sin embargo, todos estos enfoques requieren una rutina programada de pausas para ir al baño, que debe incluir pausas adicionales después de comer, beber, jugar o despertar de una siesta.

El principio básico del entrenamiento de control de esfínteres es que tu perro aprenda por asociación el lugar apropiado para orinar o defecar. En este sentido, se guía por dos cosas: el olor y la textura. Usar paños absorbents para cachorros dentro del hogar puede ser contraproducente, porque el perro asociará las superficies suaves como muebles y ropa con lugares aceptables para hacer sus necesidades. Desde el principio, necesita reconocer la textura de la hierba bajo sus patas para animarle a hacer sus necesidades afuera. Por lo tanto, es vital sacarlo con mucha regularidad en las primeras etapas, para que tenga amplias oportunidades de hacer sus necesidades en el lugar apropiado. Inicialmente no sabrá qué se espera de él, por lo que se necesita paciencia para lograr ese momento en que comience a hacer sus necesidades. En este momento, y no antes, puedes usar tu palabra de orden (por ejemplo, "Haz") para que asocie la palabra con la acción. Puedes usar esta orden una vez que la haya aprendido para promover la acción, pero no hasta que la entienda, de lo contrario estarás usando inútilmente la orden en conexión con una acción que no está haciendo, y la asociación se perderá.

Foto cortesía de
Amanda and Erik Allworth
Fotograaf – Kristina Noel Photography

Después de que tu perro haya hecho sus necesidades en el lugar correcto, debes darle mucha atención y darle un premio. Si estás entrenando con clicker (que es un método para reforzar el entrenamiento asociativo), entonces haz clic y recompensa justo inmediatamente después de que tu perro haya terminado. No lo distraigas con elogios y recompensas mientras está en el proceso, ya que puede que no termine el trabajo.

Una vez que tu perro haya estado haciendo sus necesidades apropiadamente al aire libre durante un tiempo, la tarea será más fácil, ya que habrás establecido áreas donde reconoce su olor. También puedes encontrar que está naturalmente inclinado a orinar al aire libre para cubrir los olores de cualquier animal salvaje que pase o gatos del vecindario que puedan haber visitado tu jardín.

Si bien la sensible nariz de tu perro puede funcionar a tu favor de esta manera, puede ser un problema si ha hecho sus necesidades en el interior y el área sucia no se ha limpiado adecuadamente, ya que volverá a esta área y hará sus necesidades allí nuevamente. Es importante usar un limpiador enzimático para descomponer la urea en el área sucia, y no usar ningún limpiador que contenga amoníaco, que huele como orina para un perro. Luego puedes pasar por el área a fondo con una aspiradora de alfombras si tienes una, para evitar manchas.

Uno de los peores errores que un dueño puede cometer al enseñar a su perro el control de esfínteres es usar un castigo severo. Tu Golden Retriever aprende por asociación, por lo que si es castigado cuando se le sorprende haciendo sus necesidades en el interior, asocia el castigo con hacer la acción en presencia de su humano, no con hacerlo en un lugar inapropiado. Entonces puede convertirse en un "perro que hace sus necesidades a escondidas", escabulléndose para hacer sus necesidades adentro en privado. La acción correcta a tomar cuando sorprendas a su perro en el acto es decir "No" con firmeza y llevarlo rápidamente afuera donde puedes darle una palmadita tranquilizadora. Si encuentras la evidencia pero te has perdido la acción, no es una ocasión para señalarle el error, por lo que solo debes limpiar y reanudar el entrenamiento positivo de control de esfínteres en la próxima oportunidad.

Un adiestramiento paciente y constante con muchas oportunidades para hacer sus necesidades debería resultar pronto en un perro que controla sus esfínteres, pero asegúrate de no dejar de entrenar a tu perro cuando creas que lo ha "entendido". El hábito necesita arraigarse profundamente, por lo que debes continuar con el refuerzo positivo mucho después de ver resultados. Si en alguna etapa, sin embargo, tu perro previamente adiestrado comienza a retroceder y hacer sus necesidades en la casa nuevamente, vale la pena consultar a tu veterinario, ya que esto puede ser sintomático de una enfermedad o infección. Alternativamente, si es un problema psicológico, un especialista en comportamiento puede ayudarte a resolver un cambio inexplicable en los hábitos de tu perro. Para un perro tan inteligente como un Golden Retriever, retroceder es un paso inusual, por lo que siempre debe tomarse en serio. Un perro que anteriormente controlaba sus esfínteres conoce las reglas y estará tan preocupado por desagradarte como tú al encontrarlo ensuciando el hogar nuevamente.

Cómo Enseñar a Sentarse

La primera orden que enseñarás a tu perro es "Siéntate". No solo es una orden vital para la propia seguridad de tu perro en ciertas situaciones, sino que es un simple primer paso en el viaje de comunicación con tu perro.

Consigue que la atención de tu perro esté completamente en ti. Esto no será un problema con un Golden Retriever, ya que lo único que ama más que a su humano es a su humano con comida en la mano. Ahora, con un movimiento suave, guía al perro a la posición de sentado moviendo tu mano con el premio hacia arriba y sobre su cabeza. Sus cuartos traseros se bajarán instintivamente. Solo cuando su trasero esté completamente en el suelo, dale a tu perro el premio y elógialo.

Si estás entrenando a tu perro con clicker, harás clic y premiarás en cada punto en que haga lo correcto. Los clickers son un refuerzo asociativo opcional adicional de que la acción es correcta.

En esta etapa, no estás utilizando ninguna palabra de orden. Solo una vez que la acción esté firmemente establecida después de varias repeticiones, debes usar la palabra "Siéntate" mientras haces el movimiento de la mano, ya que de esta forma puedes lograr de manera efectiva que resultará en la acción de sentarse De esta manera, la palabra se asocia con la acción en el cerebro de tu perro.

Con más repeticiones, puedes ir eliminando la señal de mano haciendo el gesto más pequeño, hasta que no estés usando ninguna señal de mano o lenguaje corporal en absoluto, sino solo la palabra para inducir a tu perro a que se siente. Tu sincronización es muy importante para recompensar el comportamiento correcto con un premio y elogios.

El siguiente paso es eliminar por completo el premio, ya que en la práctica no tendrás un premio a mano cada vez que quieras que tu perro se siente; tampoco sería bueno para su cintura. Así que, a medida que continúas con la orden, no premies en cada repetición. Todavía puedes elogiar a tu perro, pero solo producir el premio en repeticiones intermitentes.

No tienes que alcanzar todas estas etapas en una sesión de entrenamiento. Mantén las sesiones cortas y termina con una nota positiva. Integra el entrenamiento en su rutina diaria para que pronto se convierta en algo natural, ¡y no será una tarea para ninguno de los dos!

Cómo Enseñar a Quedarse

Aunque la orden "Quédate" puede enseñarse junto con la palabra, otro método es el "Quédate quieto". Esto supone que después de haber colocado a tu perro en la posición de sentado, deseas que permanezca en esa posición hasta que tú lo liberes con una palabra como "Libre".

Para enseñar este método, coloca a tu perro en la posición de sentado y mantén su atención diciéndole que es un buen chico. Luego, cuando esté sentado atentamente, puedes sacarlo de la posición de sentado con un premio en tu mano. Cuando se levante, usa la palabra "Libre".

En las primeras etapas, necesitarás mantener el tiempo en la posición de sentado muy corto, antes de que tu perro pierda la atención y se levante por su cuenta. Necesitas mantener el control de sus acciones. Pronto aprenderá que obtiene un premio al quedarse hasta que tú lo liberes. Aumenta el tiempo en "quédate quieto" a medida que progresa, incluyendo alejarte de él antes de liberarlo de la posición.

Si deseas usar la palabra "Quédate" mientras él está quedándose para reforzar el punto, no hay nada de malo en esto, pero aún debes usar la palabra "Libre" para liberar a tu perro de esta posición.

Cómo Enseñar a Tumbarse

Foto cortesía de Claire Moody

Es más fácil comenzar a enseñar la orden de tumbarse desde una posición de sentado, por lo que debes pedirle a tu perro que se siente y recompensarlo para centrar su atención en ti.

Arrodíllate frente a tu perro, para tener un buen contacto visual, y acerca un premio a su nariz, luego baja el premio en tu mano cerrada al suelo entre sus patas y cerca de su cuerpo. Tu perro debería bajar instintivamente sus patas delanteras, pero no debes recompensarlo hasta que ambos codos estén firmemente en el suelo. Sus cuartos traseros también deberían bajar, pero si no lo hacen, no debes empujarlos, lo que crearía resistencia, más bien debes usar tu otro brazo como un poste de limbo. Colócalo a través de la espalda del perro y mueve el premio hacia adelante, para que al arrastrarse hacia el premio, el perro tenga que bajar su espalda por debajo de tu otro brazo.

Repetir este ejercicio muchas veces seguidas debería conducir a una respuesta más automática, pero en el improbable caso de que tu Golden Retriever sea lento para aprender, puedes enseñar la orden de forma incremental, recompensando primero una inclinación de la cabeza, luego un descenso de los codos, hasta que hayas logrado la posición completa de tumbado.

Una vez que tu perro se siente bien contigo arrodillado a tu lado, levanta tu cuerpo a una posición en cuclillas y luego de pie, lo que aumentará el desafío, ya que no estarás llevando el premio hasta el suelo para que su nariz lo siga.

Al igual que con "Siéntate", no debes usar la orden "Túmbate" hasta que tu perro esté siendo guiado de manera confiable a la posición correcta con el premio. El siguiente paso es eliminar el premio para que actúe consistentemente solo con la palabra. Como con "Siéntate", no recompenses en cada repetición, sino varía las veces que recibe un premio o solo algunas muestras de afecto.

Añadir el "quédate quieto" a la orden de tumbarse es el siguiente paso, para que tengas un perro que se tumbe y permanezca tumbado, lo que puede ser extremadamente útil cuando tienes visitas. Al igual que con quédate, debes liberar a tu perro de la posición con la palabra "Libre". Inicialmente, libéralo después de solo unos segundos, aumentando el tiempo que permanece en la posición de tumbado. Pero recuerda liberarlo al final de la sesión de entrenamiento, ¡o tu obediente perro puede tener demasiado miedo para levantarse y permanecerá olvidado en la posición de tumbado!

Cómo Enseñar a Caminar con Correa

Tu cachorro de Golden Retriever se convertirá en un perro grande y fuerte, por lo que enseñarle a caminar bien con una correa suelta es de vital importancia desde el principio. La dificultad inicial es que los cachorros son naturalmente energéticos y estarán más inclinados a saltar y morder la correa que a ser guiados amablemente por ella a los talones de su dueño. Lograr este objetivo va a tomar tiempo y paciencia.

Necesitas tener expectativas realistas sobre los paseos al entrenar a tu perro con la correa. Esto se debe a que no irá constantemente en una dirección o a una velocidad. También tendrás que trabajar para mantener la atención completa de tu perro siendo una persona con quien le resulte emocionante estar, y más interesante que su entorno. Para tu perro, la correa es un impedimento para ir a donde quiere, e instintivamente tirará. Necesitas desasociar el tirar con llegar a donde quiere, y asociar el avanzar con la sensación de una correa suelta. Esto significa que cada vez que tire, tú te detendrás. Ponlo en posición de sentado para que puedas recuperar una correa suelta, luego procede. Tu paseo va a ser una secuencia continua de paradas y arranques en las primeras etapas, y también debes seguir cambiando de dirección para mantener a tu perro interesado. Eventualmente, te darás cuenta de que hay mucho más caminar y muchas menos paradas y sentadas cuando la conexión de la correa está suelta, y deducirás que el lugar correcto para estar es a

Foto cortesía de Samantha Hector

tu lado. Ten sus premios de entrenamiento a mano para que puedas reforzar su comportamiento correcto cuando esté caminando bien como tú desearías.

Si estás asistiendo a clases para cachorros, puedes encontrar que tu cachorro de Golden Retriever aprende muy rápidamente en clase y camina maravillosamente con la correa. Sin embargo, una vez que está afuera en un paseo, es un alborotado. Esto no es sorprendente, ya que hay muchas más distracciones en el exterior. Tu desafío está en trabajar un poco más duro para mantener su atención afuera, ya que ya sabes que puede hacerlo en un entorno controlado. Puede sentirse frustrante cuando solo quieres un agradable paseo por el parque con tu perro, pero ese momento llegará. Los primeros meses son para el entrenamiento, que es una experiencia completamente diferente, pero una inversión totalmente valiosa para los años venideros.

Cómo Enseñar a Caminar sin Correa

Tu Golden Retriever fue criado para trabajar en el campo y, como consecuencia, es natural para él retozar sin correa y gastar mucha más de su energía ilimitada al hacerlo que si trotara junto a tus talones durante la misma cantidad de tiempo. El problema inicial para alcanzar esta etapa de confianza es lograr que regrese.

Así como inviertes tu tiempo y energía en enseñar a tu perro comandos como sentarse, tumbarse y quedarse, inadvertidamente también estás enseñando el regreso, porque estás estableciendo un vínculo entre tú y tu perro, y ejerciendo tu posición como amo y líder de la manada, además de enseñarle su nombre. Tu Golden Retriever quiere complacerte y es una raza muy devota, por lo que naturalmente quiere volver a ti. El problema puede ser que desee hacer esto a su propio tiempo.

Al igual que con su entrenamiento anterior, debes llevar premios en tu bolsillo cuando enseñes el regreso. Ese olor a conejo tendrá que ser muy distractor para un Golden Retriever para desviarlo de un premio de comida. Algunos Golden también encuentran una pelota muy motivadora para mantenerse enfocados en sus dueños sin correa. Sin embargo, necesitas darle permiso a tu perro para alejarse de ti, de lo contrario, estar sin correa no tendrá el resultado de que tu perro pueda correr libremente, para el bien de su mente y cuerpo. Así que, mientras lo llamas regularmente y lo premias por su pronta atención, debes liberarlo nuevamente con la orden "Libre". La orden "Ven" es preferible para el regreso, ya que es más asociativa con la acción que simplemente llamar al perro por su nombre.

Foto cortesía de
Jamie Smith

Comienza el entrenamiento de regreso en un espacio cerrado se-guro antes de aventurarte en el campo abierto. Una correa extensible no te será útil para enseñar a tu perro a caminar sin correa, ya que tu perro seguirá sintiendo el contacto, y no proporciona suficiente alcance. Una línea de entrenamiento, sin embargo, puede ser útil si no tienes un espacio cerrado y tu perro podría escaparse. Estas son extremadamente largas y deben ser ligeras. Deben estar conectadas a un arnés para que si tu perro corre hasta el final, no reciba repentinamente un tirón brus-co en el cuello. El perro tendrá muy poca sensación de estar atado a una correa, pero tienes la seguridad de poder traerlo de vuelta desde una gran distancia si todo lo demás falla. Sin embargo, las correas de entrenamiento no deben usarse cerca de otras personas o perros, ya que corren el riesgo de enredarse.

Una cosa que vale la pena señalar es que tu Golden puede aprender pronto el regreso; está en su naturaleza, y puede regresar a tu orden de manera muy confiable. Sin embargo, en la adolescencia, muchos perros retroceden temporalmente. En un Golden Retriever esto es alrededor de los 8-18 meses de edad. Este puede ser un período desafiante ya que tu perro se ve impulsado por sus propios instintos, y aunque puede afectar todo su entrenamiento, el regreso puede ser lo más alarmante de perder debido al peligro de perderlo. Si notas que tu perro se vuelve más desobediente acerca de regresar a partir de los 8 meses, no te asustes, ya que esto es solo una fase. Sin embargo, puedes considerar pasearlo en espacios más confinados por un tiempo, como el parque en lugar del campo abierto, y asegurarte de que lleve un collar y una placa en caso de que se extravíe. Incluso puedes volver a la correa de entrenamiento y a los premios en tu bolsillo, pero no te desanimes, ya que después de este breve período tu perro estará listo para establecerse en la vida adulta, con todo su entrenamiento temprano mágicamente de vuelta en su lugar.

Agility y Flyball

Los Golden Retrievers son muy adecuados para Agility porque son inteligentes y atléticos. Si tienes un perro con mucha energía, Agility puede ayudar mucho a manejar su hiperactividad y proporcionar un pasatiempo divertido que los mantendrá a ambos en buena forma.

Los cachorros jóvenes no pueden participar en Agility debido al riesgo de dañar los huesos en crecimiento y las placas de crecimiento. Sin embargo, esos primeros meses pueden aprovecharse en el entrenamiento de obediencia para que cuando tu perro pueda comenzar con los conceptos básicos de Agility a los doce meses, su enfoque esté en su amo y entienda sobre seguir órdenes y los principios del entrenamiento con recompensa.

Agility implica llevar a tu perro alrededor de una pista de obstáculos contra el reloj, y está pensado para que inicialmente tu perro solo salte postes muy bajos. En esta etapa también aprenderá los otros elementos del recorrido, como el túnel, los aros, el marco en A, la pasarela, el balancín y los slaloms. A medida que sus huesos y articulaciones alcanzan la madurez, el recorrido se vuelve más exigente. La mayoría de los Golden Retrievers amarán el desafío y el ejercicio involucrados en Agility y aumentará la intensidad de su vínculo. Si, sin embargo, tu perro no parece estar disfrutándolo y parece estresado por la experiencia, puede que necesites aceptar que su personalidad es diferente y buscar en cambio lo que realmente disfruta.

Flyball es otro pasatiempo emocionante que tu Golden Retriever puede disfrutar, ya que implica recuperar una pelota del final de un recorrido de obstáculos y regresar con ella, y naturalmente, ¡recuperar es la mayor habilidad de tu perro!

Si tú eres menos movedizo y encontrarías problemático el recorrido de Agility con tu perro, Flyball puede ser una opción más atractiva, ya que en su mayor parte, el perro lo hace solo.

Al igual que con Agility, tu perro necesita tener doce meses antes de comenzar Flyball para asegurar que sus placas de crecimiento estén cerradas, pero las etapas iniciales solo involucrarán saltos bajos. Tu perro debe tener un buen regreso, porque será enviado por el carril para recuperar la pelota antes de regresar, pero las carreras para principiantes generalmente están cercadas a cada lado.

En los primeros meses antes de que tu perro comience con Flyball, su entrenamiento de obediencia estará proporcionando una base segura. La condición física y la dieta también son muy importantes para un perro que va a participar en actividades de alta energía como Agility y Flyball.

Comenzar con un Golden Retriever es muy emocionante debido a su capacidad innata para aprender. Adiestrar a un Golden es muy gratificante y conduce a una conexión que realmente muestra por qué los perros son conocidos como el mejor amigo del hombre. Como tal, el Golden Retriever es el mejor embajador posible para su especie y, en realidad, ¡casi humano!

CAPÍTULO 7
Viajar

"Los Golden son maravillosos compañeros de viaje. Tienen un senti-do de aventura y son extrovertidos. Los Golden quieren acompañar a sus dueños a todas partes, y centran sus vidas en estar con sus humanos."

Jill Simmons
PoeticGold Farm

Preparativos para el Viaje

La mayoría de los dueños tendrán múltiples situaciones, durante la vida de su perro, en las que necesitarán viajar con él. Esto po-dría ser simplemente una distancia corta, por ejemplo al veterinario o a un lugar habitual de paseo, o podría ser un viaje largo, incluso posible-mente internacional.

Hay más opciones que simplemente viajar en automóvil con tu per-ro. Los perros a menudo están permitidos en el transporte público tam-bién, incluso en trenes y aviones. Habrá necesidades de preparación muy diferentes dependiendo del tipo y la duración del viaje.

Si vas a realizar un viaje largo, es una buena idea prepararte para el viaje con una visita previa a tu veterinario. Esto es vital porque no de-bes viajar largas distancias con tu perro si este no se encuentra bien. Un chequeo general asegurará que su salud está en óptimas condiciones. Esta es también una excelente oportunidad para verificar que todas las vacunas estén al día. Si no lo están, tu perro puede recibir una vacuna de refuerzo en este momento. También puedes recoger productos para la prevención de pulgas y desparasitación para el tiempo que estarás via-jando en esta cita, para que estos no caduquen, y cualquier medicación crónica en curso para asegurarte de que no haya una interrupción en la administración si de otro modo se te hubieran acabado mientras estás fuera. Si viajas internacionalmente, la mayoría de los países requerirán que la vacuna contra la rabia esté al día, e incluso pueden requerir un análisis de sangre para probar que la vacuna ha sido efectiva. Además, para algunos destinos, puede ser necesario completar documentación

71

Foto cortesía de David A Ring

de exportación, así como un pasaporte y registros de vacunas. Todos estos pueden ser firmados por tu veterinario en este momento. Es importante recordar que es tu responsabilidad que tu veterinario haya firmado toda la documentación relevante para tu perro, así que asegúrate de informarte sobre lo que se requiere para el lugar al que viajas.

Si tu perro necesita ver a un veterinario mientras estás fuera, lo cual esperemos que no sea el caso, debes encontrar el más cercano que pueda atenderlo. Dedica tiempo a buscar los veterinarios locales en el área donde estarás, y guarda en tu teléfono los datos de contacto en caso de emergencia. También asegúrate de tener a mano los datos de contacto de tu veterinario habitual, ya que podrían querer contactarlo para compartir detalles médicos.

Cuando estés fuera, si tu perro escapara, no estará en su área local y por lo tanto es poco probable que regrese a casa. Por lo tanto, es una acción responsable asegurarte de que tu perro tenga identificación. Un microchip es lo mejor, ya que es una forma permanente de identificación. Sin embargo, asegúrate de que tus datos de contacto estén actualizados con la empresa del microchip, ya que un microchip registrado con una dirección antigua o número de teléfono obsoleto es inútil. Otra forma de identificación utilizada es un collar con una placa de identificación. La placa debe tener el número de contacto, así como una dirección. Algunas personas prefieren no poner el nombre del perro en la placa, ya que de lo contrario alguien con malas intenciones podría llamar al perro. Mientras estés fuera, puedes colocar una etiqueta temporal con la ubicación donde te estás alojando si lo deseas, aunque esto no es tan necesario como la etiqueta con los detalles del hogar.

Viajar en Automóvil

Foto cortesía de Kylee Cohoon

Es sorprendente lo bien que muchos perros toleran viajar en automóvil, pero si tu perro es uno de los que no lo tolera, entonces podría haber algunas soluciones simples. Puedes practicar viajando con tu perro antes del trayecto, en caso de que esté nervioso, permitiéndole inicialmente sentarse en el automóvil en la entrada. Puedes darle su cena allí o jugar con él durante un rato, para que sepa que es un lugar agradable para estar. Antes de un viaje largo en automóvil, puedes practicar conduciendo algunos trayectos cortos para que tu perro se acostumbre al movimiento del vehículo.

Si tu perro no se pone ansioso en el automóvil, pero se marea o babea, esto podría ser un signo de náuseas. Como los humanos, los perros pueden marearse durante los viajes. Si estás viajando solo un trayecto corto, puedes llevar a tu perro con el estómago vacío, lo que ayudará con las náuseas. Sin embargo, si tienes un viaje largo por delante, hay excelentes pastillas para el mareo que puedes solicitar a tu veterinario y darle a tu perro 30 minutos antes del viaje.

Cuando viajas con tu perro en el automóvil, hay varias opciones para asegurarlo. No hay una manera correcta o incorrecta, pero algunos dueños preferirán una sobre otra. La primera opción es transportar a tu perro en una jaula en el maletero del automóvil. Si has entrenado a tu perro con la jaula desde una edad temprana, esta es una excelente opción, ya que la jaula será vista por tu perro como un refugio seguro, y por lo tanto ayudará a reducir cualquier ansiedad en el automóvil. La jaula debe ser lo suficientemente grande para que tu perro pueda ponerse de pie, darse la vuelta y acostarse sin tocar los lados, lo que significa que debe ser bastante grande para un Golden Retriever. Debe estar hecha de alambre o un material resistente, con lados transpirables como malla.

Foto cortesía de Linda Walkowiak

Debe colocarse en el maletero del automóvil de manera que haya flujo de aire a través de ella, para asegurar que no se caliente demasiado o se vuelva sofocante para tu perro. Tampoco debe haber proyecciones afiladas en el interior con las que tu perro pueda lastimarse.

Si no te gusta la idea de una jaula, podrías poner a tu perro en el maletero del automóvil . De esta manera, tu perro tiene un poco más de libertad para moverse y mirar por las ventanas. Sin embargo, también podría ver esto como una oportunidad para saltar sobre el respaldo de los asientos y acercarse a ti en la sección principal del automóvil, por lo que si eliges esta opción, vale la pena invertir en una rejilla para perros para evitar que esto suceda.

La forma más segura para que tu perro viaje, sin embargo, es con un arnés para perros conectado a un cinturón de seguridad. Estos se pueden comprar en muchas tiendas de mascotas y en línea, y se fijan a los cinturones de seguridad en la parte trasera. Si te vieras involucrado en un accidente, esto asegura que tu perro no sufra daños que podrían haberse evitado. También asegura que permanezcan en un solo lugar y no intenten acercarse a ti mientras conduces, lo cual es muy importante para la seguridad y puede invalidar tu seguro. A algunas personas puede no gustarles esta opción, ya que requerirá que tu perro ocupe un asiento que podría ser ocupado por un humano, y también significará que los asientos traseros pueden quedar cubiertos de pelo y baba. Sin embargo, este último punto puede superarse fácilmente utilizando una funda para los asientos cuando el perro está en el automóvil. Las fundas pueden estar especialmente diseñadas para perros y cubrir la totalidad de los asientos traseros.

Cuando viajas con toda tu familia, incluido tu perro, tus hijos pueden aburrirse. Aunque tu perro normalmente pueda proporcionarles un excelente entretenimiento, asegúrate de que no molesten o provoquen al perro mientras viaja, ya que tu perro no tiene la oportunidad de alejarse de ellos si desea hacerlo. Esto puede hacer que el viaje sea desagradable para el perro.

Además, asegúrate de que todo lo que pueda necesitar sea fácilmente accesible. Esto incluye agua y comida , así como una correa. Se le debe ofrecer agua cada 4 horas, y comida al menos cada 12 horas. También agradecerá si le permites hacer ejercicio y hacer sus necesidades con frecuencia, ya que estar sentado en el automóvil durante largos períodos de tiempo puede volverse incómodo. Si te detienes para ir rápidamente a una tienda o cargar combustible, nunca dejes a tu perro desatendido en el automóvil. Los perros pueden morir rápidamente en automóviles que no tienen ventanas abiertas o aire acondicionado.

Viajar en Avión

Si vas a viajar en avión, especialmente si es internacionalmente, investiga bien, ya que diferentes aerolíneas y diferentes países tienen requisitos distintos. La mayoría de las aerolíneas requieren un certificado de salud que no tenga más de 10 días de antigüedad antes del viaje. Esto puede ser proporcionado por tu veterinario. Además de esto, los pasaportes, la documentación de exportación y las vacunas, especialmente la de la rabia, deben estar completos y al día.

La mayoría de las aerolíneas requerirán que el perro esté en una jaula, y aunque algunas razas pequeñas de perros podrán viajar en la cabina, desafortunadamente tu Golden Retriever casi con certeza tendrá que viajar en la bodega. La excepción será si tu perro es un perro de servicio de algún tipo. La aerolínea con la que viajas podrá proporcionarte las especificaciones para la jaula requerida. No se permitirá viajar a tu perro si tiene menos de 8 semanas de edad. Algunas aerolíneas, sin embargo, establecen su edad mínima en 12 semanas.

Si es probable que la temperatura esté por debajo de 7 grados Celsius o por encima de 29 grados Celsius durante la salida, llegada y conexiones, no se permitirá viajar a tu perro. Se pueden hacer algunas excepciones si está acostumbrado a estas condiciones, pero debes presentar un certificado veterinario que lo explique, y entonces la duración máxima permitida a estas temperaturas es de 4 horas.

Alojamiento de Vacaciones

Antes de reservar tu alojamiento de vacaciones, contacta con la empresa para asegurarte de que permiten perros en sus residencias. Muchos lugares de vacaciones no permitirán perros. Si tienes la suerte de vacacionar en un lugar que acepta perros, entonces es importante tener en cuenta que no todos en ese lugar podrían estar acostumbrados a los perros, o incluso gustarles. Trata de mantener a tu perro tranquilo, así que no lo dejes solo si esto es probable que le cause ladrar. Además, cuando lo pasees, asegúrate de recoger cualquier cosa que haya hecho durante el paseo. Cuando llegues al alojamiento, pregunta al recepcionista dónde es mejor que pasee tu perro, ya que puede haber áreas que estén prohibidas.

Trata de respetar que el alojamiento no te pertenece, y después de que te vayas, llegarán otros huéspedes. Por lo tanto, no permitas que tu perro ensucie la habitación o destruya el mobiliario. La habitación debe poder volver a un estado libre de perros con una simple limpieza.

Foto cortesía de Heather Dawson

Dejar a Tu Perro en Casa

Si no deseas viajar con tu Golden Retriever, hay muchas opciones para dejarlo cuando estés fuera.

La primera opción es pedir a amigos o familiares que lo cuiden. Esto a menudo se hace como un favor en lugar de como un servicio pagado, así que trata de hacerlo lo más fácil posible para tu amigo o familiar. El aspecto positivo de esto es que tú conoces personalmente a la persona que cuida de tu perro, y puedes dar fe de su responsabilidad. También sabes cómo es el lugar donde se queda tu perro. Asegúrate de dejarles suficiente comida, y lleva su cama, juguetes y correa o arnés para que no necesiten proporcionar estas cosas. Si tu amigo o familiar tiene un perro propio, entonces asegúrate de probar a los perros juntos antes de dejar al tuyo. El otro perro puede no estar contento de tener un nuevo perro en su territorio, así que permíteles conocerse en terreno neutral, como un paseo, o en el patio.

Otra opción para tu Golden Retriever es reservarle una residencia canina local. Las residencias caninas tienen la reputación de ser duras, pero en realidad hay algunas residencias excepcionalmente bien administradas y por lo tanto vale la pena investigar y leer reseñas antes de elegir un establecimiento. En una residencia, los perros se alojarán en espacios interiores o exteriores, que generalmente consisten en un área pequeña para caminar, con un área para dormir o descansar en la parte trasera. Una o dos veces al día, serán sacados de esta área a un área comunal grande o llevados a pasear. Esto les permite hacer ejercicio y jugar con otros perros. Las residencias caninas suelen estar dirigidas por manejadores de perros muy experimentados; sin embargo, tu perro no recibirá atención personalizada como lo haría en otro lugar. Tu perro requerirá vacunas actualizadas antes de que se le permita quedarse en una residencia canina, así que asegúrate de haber hecho esto y pedido a tu veterinario que te proporcione un registro firmado antes de dejar a tu perro.

Finalmente, la opción más cara, pero probablemente la mejor con respecto a la seguridad, es contratar a un cuidador de casa o de perros para que venga y se quede en tu casa mientras estás fuera. Esto asegura que tu perro sea cuidado en su propio entorno. Esta es la opción menos perturbadora para tu perro. Los cuidadores de casa no necesitan calificaciones formales, así que asegúrate de que sean profesionales y tengan experiencia antes de contratarlos. Podría ser una buena idea preguntarles si les gustaría venir a un paseo con el perro o venir a tu casa para que tu perro pueda acostumbrarse a la persona.

CAPÍTULO 8
Nutrición

Importancia de la Nutrición

"A nuestros Golden les damos aceite de pescado salvaje y huevos, esto ayuda a que la piel y el pelaje se mantengan hermosos y suaves. Dado que los Golden son más propensos al cáncer que muchas otras razas, es aconsejable no escatimar cuando se trata de alimentación y proporcionarles dietas equilibradas nutricionalmente a base de alimentos integrales, crudos si es posible. O asegurarse de que no estén presentes rellenos baratos como maíz, trigo y soja".

Katie
Grizzly Kennels

La nutrición juega un papel vital en la vida cotidiana de tu Golden Retriever, y por lo tanto es en su beneficio que se preste la debida atención y asegurar que siga una excelente dieta equilibrada. Esto será gratificante tanto para ti como para él, ya que una dieta adecuada le permitirá gozar de una salud óptima, lleno de energía y sintiéndose bien, lo que a su vez te asegurará tener un Golden Retriever juguetón y feliz, como debe ser.

Con tanta variedad en el mercado, puede resultar difícil decidir qué darle a tu perro. Los Golden Retriever se adaptan a muchos alimentos; sin embargo, hay algunos aspectos específicos a tener en cuenta cuando examines las estanterías. Tienen un exuberante pelaje largo que se beneficiará enormemente de una dieta rica en ácidos grasos omega-3 y omega-6. Estos ayudarán a que la piel sea una barrera eficaz, además de permitir que el pelaje esté lleno de vitalidad. Otra cosa que los omega-3 y omega-6 ayudan es a mantener las articulaciones en buen funcionamiento. Como se discutirá en el Capítulo 12, los Golden Retriever pueden ser propensos a problemas de salud articular. Los ácidos grasos omega ayudan a mantener el líquido articular viscoso y bien lubricado, además de disminuir la inflamación.

Si deseas ayuda para elegir la dieta más adecuada para tu Golden Retriever, la mejor persona a quien consultar es un nutricionista canino. Muchos dueños, criadores e incluso veterinarios afirmarán que conocen el mejor alimento para darle a tu perro; sin embargo, para obtener un consejo imparcial, holístico y profesional, un nutricionista canino será tu mejor recurso.

Alimento Comercial

La mayoría de las tiendas de mascotas y clínicas veterinarias ofrecen una gran variedad de alimentos para perros, que vienen en muchos tipos diferentes de preparaciones de muchas marcas distintas. La elección puede ser abrumadora, especialmente para un nuevo dueño que nunca ha tenido un perro antes.

Cuando recojas a tu nuevo cachorro Golden Retriever del criador, la mejor opción de alimento es, de hecho, continuar con lo que el criador le ha estado dando. Esto debería ser un alimento comercial nutricionalmente completo para cachorros. La excepción a esto es si el cri-

Foto cortesía de Kellie Blood

ador estaba alimentando al cachorro con una dieta BARF, que se discutirá más adelante en este capítulo. Mantener al cachorro con el mismo alimento asegurará que su estómago no se altere cuando todo lo demás está cambiando en su vida. Si deseas cambiarlo a otra marca de alimento, es mejor hacerlo gradualmente, en el transcurso de algunas semanas. El cambio puede realizarse una vez que hayas tenido una o dos semanas para adaptarse a su nuevo hogar.

Un cachorro siempre debe consumir un alimento que indique que es para cachorros o perros jóvenes. La razón de esto es que los cachorros tienen diferentes requisitos nutricionales y de crecimiento que los adultos. Como están creciendo, necesitan significativamente más proteínas para desarrollar fuerza muscular, más calorías por kilogramo de peso corporal para toda la energía que están quemando, y diferentes cantidades de calcio y fósforo que los adultos, para asegurar que sus huesos crezcan sanos y fuertes.

Cuando alcanzan el tamaño adulto, alrededor de los 9-18 meses de edad, pueden cambiarse lentamente a un alimento para adultos. Algunos dueños eligen alimentar a tu perro con comida para "adulto joven" o "perro activo" durante estos primeros años de adulto, y aunque estos son muy beneficiosos para un Golden Retriever joven y enérgico, no son vitales.

Así como los perros más jóvenes tienen la opción de alimentos especiales para su etapa de vida, los perros mayores también tienen la opción de alimentos para senior. El alimento para senior asegurará que tu perro anciano se mantenga en óptima forma cuando su salud pueda estar comenzando a disminuir, pero se discutirá más sobre las dietas para senior en el Capítulo 16.

Además de la elección de alimentos según la etapa de vida, los alimentos comerciales también se ofrecen en preparaciones húmedas y secas. La mayoría de los dueños tendrán una preferencia por lo que perciben como mejor; sin embargo, hay pros y contras en ambos, y no hay nada malo en alimentar con una mezcla.

El alimento húmedo se percibe como más apetecible que el alimento seco, por lo que si tienes uno de los raros casos de un Golden Retriever quisquilloso con la comida, puede encontrarlo más apetitoso. El alimento húmedo está mucho más cerca de la comida natural que un perro comería en la naturaleza y generalmente tendrá una fuente de proteína cárnica como ingrediente principal. Sin embargo, la mayoría de los alimentos húmedos contienen más del 70% de humedad, por lo que para alimentar con una dieta completamente húmeda, tu perro puede requerir bastantes latas de comida por día.

El alimento seco, sin embargo, está mucho más concentrado en términos de nutrientes. Un alimento seco de alta calidad solo requerirá un pequeño volumen para que el perro reciba todos los nutrientes diarios que necesita. Desafortunadamente, el alimento seco puede estar relleno con almidones sin valor nutritivo, por lo que al comprar un alimento seco para perros, debe ser de alta calidad y tener un componente cárnico como ingrediente principal. El alimento seco es mucho más beneficioso para los dientes de tu perro, en comparación con el alimento húmedo, ya que ayudará a eliminar cualquier acumulación de sarro en los dientes mientras el perro mastica las croquetas.

Sin embargo, ten la seguridad de que si un alimento para perros está en una estantería, debe haber cumplido con los estándares de la Federación Cinológica Internacional (FCI). Estos son estándares requeridos para todos los alimentos para perros que aseguran que contengan al menos la cantidad mínima de vitaminas, minerales y nutrientes necesarios para un perro saludable. Tienen dos categorías —mantenimiento y crecimiento— por lo tanto, si un alimento para perros ha llegado al mercado, habrá pasado los estándares en una de estas categorías.

Dietas BARF y Caseras

Las dietas BARF (huesos y alimentos crudos) y las dietas caseras se están volviendo muy populares en el mundo de los dueños de perros. Es fácil entender por qué, ya que estas dietas te permiten alimentar a tu perro con ingredientes naturales y no procesados a diario. Tú sabes exactamente lo que el perro está comiendo y tienes la capacidad de elegir alimentos de origen local, orgánicos y no transgénicos para tu perro. No solo esto, tienes la capacidad de alimentar a tu perro con una dieta mucho más natural, más cercana a lo que sus ancestros lobos habrían comido, en lugar de alimentos procesados.

Sin embargo, con estos pros vienen muchos contras. Las dietas BARF y caseras son extremadamente difíciles de ajustar a los estándares de la FCI, y generalmente son nutricionalmente deficientes en muchos minerales. Un nutricionista canino especializado puede informarte qué otros minerales debes agregar a la dieta para hacerla equilibrada, pero muy pocos dueños buscan esta ayuda profesional. Las deficiencias de minerales pueden conducir a mala salud, huesos débiles (especialmente en perros en crecimiento), crecimiento atrofiado y cálculos en la vejiga.

Foto cortesía de
Julie & Holly Simmons
PrairieWyn Golden Retrievers

Además de esto, la dieta BARF en particular puede ser extremadamente peligrosa, ya que los huesos pueden alojarse en los intestinos, causando bloqueos potencialmente mortales. La carne cruda también está llena de bacterias como la salmonela y E. coli, y aunque el intestino de un perro es relativamente fuerte contra pequeñas cargas de estas bacterias, todavía se encontrarán en las heces y la saliva del perro. Esto puede ser un peligro importante para personas vulnerables como niños y ancianos, y dado que el Golden Retriever es a menudo un perro de familia, estas cosas deben tenerse en cuenta y la higiene del hogar es muy importante.

Etiquetas de Alimentos para Mascotas

Todas las etiquetas de alimentos para mascotas tendrán varias secciones que son obligatorias para poner a disposición del público. Estas secciones te ayudarán a decidir si el alimento es adecuado para tu perro y si la calidad es la que esperabas.

Análisis Garantizado

El análisis garantizado es el porcentaje de proteínas, carbohidratos, grasas, cenizas, humedad y fibra que se pueden encontrar en el alimento en una base "tal como se alimenta". Debido a esto, el alimento seco y el alimento húmedo no pueden compararse directamente. Hay algunos cálculos simples que se pueden hacer para convertir los valores a una base de "materia seca" que luego permite la comparación directa de los alimentos.

Por ejemplo, si un alimento húmedo es 75% húmedo, significa que el contenido seco es del 25%. Si el nivel de proteína es entonces del 5%, esto se puede convertir dividiendo por el porcentaje de materia seca: 5/0,25 = 20% de proteína en base a materia seca.

Luego, si un alimento seco similar, que quisiera comparar, tuviera un contenido de humedad del 10% y un contenido seco del 90%, con un nivel de proteína del 20%, el cálculo sería el siguiente: 20/0,9 = 22,2% de proteína en base a materia seca.

Una vez que se ha ajustado el análisis garantizado, proporciona una excelente fuente de información sobre el alimento. Pero no puedes evaluar el alimento solo por el análisis garantizado; los ingredientes también son vitalmente importantes.

Ingredientes

La lista de ingredientes en la etiqueta siempre estará en orden de peso. El ingrediente más importante en un alimento para perros es una fuente de proteína basada en carne, por lo que debes buscar esto como el primer ingrediente en la lista. Vale la pena tener en cuenta, sin embargo, que las harinas, como la harina de pavo, tienen un 300% más de proteína que la carne fresca, y por lo tanto puede ser la principal fuente de proteína a pesar de ser muy ligera en peso. En este caso, podría estar más abajo en la lista de ingredientes.

Los ingredientes cárnicos más comunes en los alimentos para perros son la carne de res, pollo, pavo, cordero y salmón. Todas son excelentes fuentes de proteína; sin embargo, también son alérgenos comunes. Si tu perro tiene alergia a los alimentos, entonces es mejor buscar un alimento que tenga una fuente de proteína poco común, como pato, venado o atún, ya que es menos probable que reaccionen a estos. Sin embargo, el hecho de que un alimento diga que es sabor a salmón no significa que el salmón sea la única carne, así que siempre lee la etiqueta.

Las proteínas de pescado son particularmente altas en ácidos grasos omega, que como se mencionó anteriormente son excelentes para la salud tanto del pelaje como de las articulaciones. Este es un beneficio importante para los Golden Retriever.

Cuando se trata de rellenos, algunos fabricantes de alimentos para mascotas utilizan granos, algunos utilizan verduras, y algunos utilizan ambos. Los granos son excelentes fuentes de fibra y vitaminas B; sin embargo, algunos perros tienen intestinos sensibles cuando se trata de digerir granos. Los mejores granos para buscar son los granos integrales, como el arroz integral, la cebada y la avena. El arroz blanco y la harina de maíz no son tan nutritivos como los granos integrales.

Las verduras son mucho más beneficiosas para los perros que los granos, y las patatas, batatas, zanahorias y guisantes son todos ingredientes comunes. Son excelentes fuentes de vitaminas y minerales, como las vitaminas A, B y C, así como potasio, hierro y magnesio. La vitamina A ayuda a mantener los ojos, la piel y el cerebro en buen estado de salud. La vitamina B trabaja principalmente con el metabolismo celular. La vitamina C ayuda a mantener el sistema inmunológico funcionando eficientemente, listo para combatir una infección. El potasio está involucrado en la conducción de señales a lo largo de los nervios, así como en mantener el corazón latiendo en un ritmo normal. El magnesio ayuda a desarrollar huesos fuertes y saludables. Y finalmente, el hierro se utiliza para crear glóbulos rojos que transportan oxígeno por todo el cuerpo.

Control de Peso

Los Golden Retriever tienen un apetito abundante, pero esto no significa que necesiten una gran cantidad de calorías. Pueden ser propensos a tener sobrepeso, por lo que elegir un alimento específico para Golden Retriever, o que sea ligeramente más bajo en calorías sin perder calidad, podría ser el más adecuado para tu perro.

El sobrepeso es severamente perjudicial para las articulaciones de los Golden Retriever. A medida que envejecen, las fuerzas anormales sobre articulaciones normales causarán el desarrollo de artritis. Debido a que los Golden Retriever son propensos a la displasia de cadera y codo, las fuerzas anormales sobre articulaciones anormales harán que se deterioren muy rápidamente.

No hay un peso específico que un Golden Retriever deba tener, ya que cada perro es un individuo, por lo que el peso se mide mejor mediante la puntuación de condición corporal (BCS, por sus siglas en inglés). El BCS se basa en una escala de 1-9, siendo 5 el peso ideal, 1 es emaciado y 9 es obeso.

BCS 1 = Emaciado. Las costillas, las proyecciones vertebrales lumbares y las prominencias óseas alrededor de la pelvis son claramente visibles. Hay una pérdida severa de músculo y no hay grasa corporal.

BCS 3 = Bajo peso. Las costillas se pueden sentir con facilidad y podrían ser visibles. No hay mucha grasa presente. El abdomen se recoge en el flanco y se puede ver una cintura desde arriba. Se pueden ver algunas proyecciones óseas. Fácil de ver la parte superior de las vértebras lumbares.

BCS 5 = Ideal. Grasa mínima sobre las costillas y se pueden sentir fácilmente. La cintura y las costillas son visibles cuando se está de pie sobre el perro. Abdomen recogido cuando se ve desde el lado.

BCS 7 = Sobrepeso. Grasa presente sobre las costillas y se necesita algo de presión para sentirlas. Depósitos de grasa sobre la grupa y alrededor de la base de la cola. No se puede ver fácilmente la cintura. El pliegue abdominal está presente pero es ligero.

BCS 9 = Obeso. Mucha grasa alrededor de la base de la cola, columna vertebral y pecho. El abdomen puede sobresalir detrás de las costillas. Sin cintura ni pliegue abdominal. Depósitos de grasa en el cuello y extremidades.

Debido a que el Golden Retriever tiene un glorioso pelaje espeso, la mejor manera de medir el BCS es con un enfoque práctico. De esta manera, tendrás una buena idea de cuánta grasa hay presente en tu perro. Mantenerse en forma será muy beneficioso para él, así que si necesitas ayuda para lograr el peso ideal, la mayoría de las clínicas veterinarias realizan consultas de peso con enfermeras veterinarias para proporcionar asesoramiento profesional y apoyo.

CAPÍTULO 9
Cuidado Dental

Importancia del Cuidado Dental

Así como es importante mantener limpios nuestros propios dientes, es igualmente importante mantener limpios los dientes de tu perro. Las dietas de nuestros perros domésticos no se parecen en nada a la dieta silvestre de sus ancestros, y por lo tanto no tienen huesos crudos para roer a diario. Este es uno de los factores impulsores de la dieta BARF como se discutió en el Capítulo 8; sin embargo, ya hemos aprendido sobre los peligros de esta dieta y, por lo tanto, es necesario considerar métodos alternativos de higiene dental.

Sin cuidado dental diario, la mayoría de los perros terminarán necesitando algún tipo de intervención más adelante en su vida para mejorar la salud de sus dientes. Una mala salud dental provocará dolor bucal y mal aliento, también conocido como halitosis, lo cual no es

agradable para su perro. Los Golden Retriever en particular son conocidos por su mal aliento, pero esto puede evitarse con la debida diligencia.

Anatomía Dental

La estructura dental es mucho más que lo que se ve por encima de las encías. El diente visible se conoce como corona y debajo de las encías, la parte inferior del diente se conoce como raíz. La raíz puede ser tan grande como la corona, y a veces incluso más grande.

El diente está hecho de hueso con varias capas diferentes. En el exterior hay una capa protectora llamada esmalte. Esta puede desgastarse al masticar piedras y palos, por lo que es aconsejable desalentar a tu Golden de estos hábitos. En el centro mismo del diente está la pulpa. Esta es un área llena de terminaciones nerviosas, por lo que si los dientes se desgastan hasta esta área, puede ser muy doloroso.

Para mantener el diente en el alvéolo, existen los ligamentos periodontales, que son ligamentos extremadamente fuertes. Si el diente se enferma, estos ligamentos pueden debilitarse, lo que a su vez hace que el diente se vuelva inestable y se caiga. Comer con un diente inestable puede ser muy doloroso.

Los perros tienen 42 dientes adultos, pero inicialmente comienzan con 28 dientes deciduos (de leche). Estos dientes de leche se caen entre los 6 y los 18 meses de edad. Probablemente no los verás caerse, pero podrías notar que tu Golden está un poco más mordedor de lo habitual durante este tiempo, así que muchos juguetes para morder le ayudarán a superar las leves molestias de la dentición.

Los dientes de la parte delantera se llaman incisivos. Estos sirven para arrancar carne de los huesos. Los siguientes son los caninos, que son largos y afilados. Originalmente, estos habrían sido los dientes utilizados para cazar y morder a sus presas. Los dientes en el interior de las mejillas se llaman premolares y molares. Estos son dientes trituradores. Combinados con la potencia de los músculos masticatorios de la mandíbula, potencialmente pueden triturar huesos.

Acumulación de Sarro y Gingivitis

El sarro es una acumulación de alimentos y bacterias alrededor de la base del diente. Esto ocurre en todos los perros que no tienen sus dientes cepillados a diario. El sarro provoca halitosis y, por lo tanto, también un mal sabor en la boca de tu perro.

Foto cortesía de Bruno Rosales

Debido a la acumulación de sarro, es probable que tu perro también tenga gingivitis. Esta es una inflamación de las encías, localizada donde se acumula el sarro. La razón por la que las encías se inflaman es porque el sarro está lleno de bacterias. Por lo tanto, el cuerpo envía glóbulos blancos al área para combatir las bacterias, pero la afluencia de glóbulos blancos hace que el área se hinche.

Cuando esto sucede, la única forma de revertirlo es eliminar el sarro. Los antibióticos y antiinflamatorios aliviarán temporalmente el problema; sin embargo, el cuerpo continuará respondiendo de esta manera al sarro y, por lo tanto, la gingivitis y la halitosis volverán inmediatamente.

Cuidado Dental

Examinación

Vigilar de cerca la salud dental de tu perro es una parte vital del cuidado de tu mascota. La detección temprana asegurará la prevención de enfermedades dentales importantes a medida que tu perro envejece.

La mejor manera de examinar los dientes de tu perro es en un día en que te sientas feliz y relajado. Si te sientes nervioso o de mal humor, podrías empeorar las cosas al examinarlo, y aunque no está en la naturaleza de un Golden Retriever morder, vale la pena tener cuidado ya que estás trabajando con la boca.

Comienza levantando los labios frontales y mirando los incisivos. Deben ser de color blanco o crema con sarro mínimo. No deben estar inestables y las encías no deben estar retrocediendo. Los siguientes en observar son los caninos. Estos acumulan mucho sarro fácilmente. Finalmente, tira de las mejillas hacia atrás para ver los premolares y molares. Es un error común no tirar de las mejillas lo suficientemente hacia atrás para ver los dientes más posteriores, así que ten esto en cuenta. Afortunadamente, los Golden tienen mandíbulas bastante grandes y un poco de holgura en esta área lo hace más fácil.

Si ves un diente que es gris y mucho más oscuro que el resto, es una señal de que está muriendo desde el área de la pulpa interna, e incluso si no está inestable o cubierto de sarro, tu veterinario debe evaluar el diente.

Cada vez que lleves a tu perro al veterinario, deberían examinarle los dientes de esta manera; sin embargo, tomar nota mental cada vez que lo cepillas, y una vez al mes hacer un esfuerzo consciente para revisar a fondo la boca, asegurarás detectar cualquier anormalidad tempranamente.

Cepillado de Dientes

El cepillado de dientes puede parecer algo extraño para hacer con tu perro, pero él te lo agradecerá a largo plazo. El cepillado diario de los dientes desde una edad temprana prevendrá la caries dental, la gingivitis y la acumulación de sarro.

Siempre cepilla los dientes de tu perro con una pasta dental para perros, ya que la pasta dental humana a menudo contiene un edulcorante llamado xilitol. Esto es extremadamente peligroso para tu perro, ya que puede hacer que su glucosa en sangre baje drásticamente. Esto a su vez causará convulsiones y potencialmente incluso puede llevar a

Foto cortesía de Melissa Morrison

la muerte. La pasta dental para perros contiene muchas enzimas que disuelven específicamente el sarro del diente. Sin embargo, una vez que el sarro se ha vuelto extenso, no resolverás el problema, pero evitarás que empeore.

El Golden Retriever es un perro grande, por lo que puedes cepillarle la boca con un cepillo de dientes humano pequeño o comprar un cepillo de dientes para perros. La ventaja de un cepillo de dientes para perros es que está en ángulo para que sea más fácil cepillar los dientes posteriores. También puedes usar un cepillo de dedo de goma, que se parece un poco a un dedal grande, si esto es más fácil para ti.

Si entrenas a tu perro desde cachorro para que tolere que le cepillen los dientes, tendrás muchos menos problemas a lo largo de la vida de tu perro, en comparación con si comienzas en una etapa posterior. Algunos perros resienten la manipulación hasta cierto punto, por lo que entrenar desde cachorro le enseñará que es un proceso divertido. Asegúrate de darle muchos elogios después con juguetes o golosinas, lo que él prefiera.

Aditivos para el Agua

Hay varios aditivos para el agua disponibles para comprar en tiendas de mascotas y clínicas veterinarias. Estos actúan como enjuague bucal para perros. Puedes agregar la cantidad especificada al agua fresca diariamente, y ayuda a refrescar el aliento y disolver cualquier cosa que se acumule en los dientes.

Estos deben usarse además del cepillado y no en su lugar, ya que el cepillado manual será mucho más efectivo que un líquido que corre sobre los dientes. Como la pasta de dientes, sin embargo, está llena de enzimas y funciona de manera similar.

Es muy importante, sin embargo, que no uses enjuague bucal humano. Es notablemente diferente, y si pusieras enjuague bucal humano en el agua, podría causar un envenenamiento grave y daño interno a tu perro.

Masticables

Es difícil elegir masticables apropiados con tanta variedad en el mercado. Cada fabricante afirma que su producto es el más efectivo, pero al final, lo mejor que puedes hacer es simplemente encontrar uno que le guste a tu perro.

Los masticables dentales funcionan causando una leve abrasión cuando son mordidos. Ayudarán a eliminar el sarro ya sea succionándolo o rompiéndolo. Hay muchos tamaños y formas diferentes de golosinas disponibles. Tu Golden Retriever necesitará uno que sea bastante grande. Si es demasiado pequeño, es posible que no elimine el sarro adecuadamente.

Los masticables dentales deben darse como parte de la dieta diaria de tu perro y no como un complemento. Por lo tanto, si tu perro necesita 1.000 calorías por día y la golosina es de 150 calorías, asegúrate de restar esa cantidad de alimento de la cantidad diaria recomendada.

Algunos dueños prefieren los huesos de nudillo a las golosinas comerciales, y aunque son mucho más naturales que los masticables procesados, conllevan algunos peligros significativos. Los huesos de nudillo pueden astillarse y causar trauma en los intestinos o el estómago, y si se rompen trozos grandes que son lo suficientemente pequeños para tragar, tu perro puede desarrollar una obstrucción intestinal potencialmente mortal.

Si deseas un masticable dental natural que sea menos peligroso, las astas son una excelente alternativa. El roer lento del asta dura ayuda a eliminar el sarro. Las astas no se astillan como los huesos de nudillo y tardan muchísimo tiempo en desgastarse, por lo tanto, son excelentes alternativas duraderas a otros masticables dentales disponibles.

Alimento Dental

Muchas de las principales marcas de alimentos para perros han creado dietas dentales. Estos son alimentos secos para perros con trozos grandes de croquetas. Cuando el perro muerde la croqueta, ayuda a eliminar el sarro de los dientes. Las piezas de croquetas suelen ser un poco más blandas que otros alimentos secos para perros, de modo que cuando el diente se retira de la croqueta, hay una pequeña cantidad de succión.

Las dietas formuladas para la salud dental no son completamente necesarias para mantener una buena salud dental. Se comercializan principalmente para perros que tienen enfermedades dentales. Para los Golden cuyos dueños desean prevenir enfermedades dentales, un alimento seco normal de calidad para perros grandes será suficiente.

Foto cortesía de
Karan Gogri

Procedimientos Dentales

Si la boca está en muy mal estado, tu veterinario puede sugerir llevar a tu perro a un procedimiento dental. Este es un procedimiento en el que tu perro volverá a casa el mismo día.

Los procedimientos dentales requieren anestesia general, ya que trabajar en esa área en un perro consciente es casi imposible. Las anestesias generales son generalmente muy seguras en un perro sano; sin embargo, si tu perro tiene alguna enfermedad renal o hepática, tu veterinario puede querer revisar su sangre antes y administrar líquidos intravenosos para mantener estable su presión arterial.

Una vez que tu perro está anestesiado, el veterinario comenzará rompiendo cualquier área grande de sarro. Luego escalará todos los dientes para hacerlos limpios y blancos. Una vez que estén limpios, tomará una sonda y la pasará alrededor de cada diente. Si la sonda se hunde en el alvéolo, significa que el ligamento periodontal ha sido dañado y el diente debe ser extraído. Algunos dientes tienen múltiples raíces y otros solo una raíz única. Esto generalmente determina qué tan difíciles son de extraer. Una herramienta afilada llamada elevador se pasa alrededor de la raíz del diente para romper el ligamento periodontal antes de que se extraiga el diente. El alvéolo a veces se cierra con puntos de sutura después, aunque algunos veterinarios prefieren dejarlo abierto. Al final del procedimiento, el veterinario pulirá toda la boca para eliminar cualquier sarro residual.

Los procedimientos dentales suenan invasivos; sin embargo, si tu perro tiene la boca llena de bacterias, agradecerá el procedimiento. Restaurará la comodidad y eliminará el mal aliento. No obstante, los procedimientos dentales pueden evitarse por completo con el cuidado rutinario de los dientes de tu Golden, así que trata de convertirlo en un hábito desde una edad muy temprana para preservar la salud de la boca.

CAPÍTULO 10
Acicalamiento

Sobre el Pelaje

Los Golden Retrievers tienen un hermoso pelaje dorado ondulado, que puede variar en tonalidad. Cuando un Golden es todavía un cachorro, su color suele ser mucho más claro que el que tendrá de adulto. Es posible que puedas tener una idea del color adulto de tu cachorro observando el color de las puntas de sus orejas. Sin embargo, el pelaje se oscurecerá cuando tu perro alcance la edad adulta, y luego puede aclararse ligeramente de nuevo hacia sus años de vejez.

El pelaje es de longitud media, excepto en algunas áreas con flecos alrededor del cuello, parte posterior de las patas, cola y bajo el cuerpo. Estas son zonas de pelo más largo. Tu Golden Retriever tiene un "pelaje doble", lo que significa que hay una capa interna. Esto ayuda a mantener a tu perro caliente durante los meses de invierno. Cuando el clima se calienta en verano, la capa interna se muda, lo que se conoce como "cambio de manto".

El pelaje puede lucir impresionante y, aunque necesita un mantenimiento regular para mantenerlo en buenas condiciones, no requiere que tú acudas al peluquero canino cada semana para mantener su apariencia.

Salud del Pelaje

El pelaje de un Golden tiende a mudar excesivamente, especialmente en los meses de verano cuando se desprende la capa interna. Como resultado, cepillar a tu perro diariamente ayudará a evitar que tu casa se cubra de pelo. Al hacer esto, estarás eliminando todo el pelo suelto con el cepillo, en lugar de dejarlo caer al suelo.

El cepillado del pelaje debe realizarse al menos una vez por semana, idealmente a diario, pero puede hacerse con relativa facilidad. Un consejo útil a considerar al acicalar es llevar a tu perro al exterior, ya que puede desprenderse una gran cantidad de pelo suelto. La rutina de acicalamiento debe introducirse desde una edad temprana, ya que algunos

Foto cortesía de Angie Wrightstone

perros no toleran bien estas atenciones cuando se introducen más tarde en su vida.

Al comenzar con el acicalamiento, primero debes considerar qué herramientas podrías necesitar. El cepillo más común para comprar es un cepillo de cardas. Este tiene una gran superficie cubierta de finas púas. Estos cepillos son excelentes para trabajar el pelo suelto, especialmente cuando está ligeramente enmarañado.

La siguiente herramienta que necesitarás es un peine de acero de buena calidad. Estos son para pasar por el pelaje después del cepillo de cardas, para asegurarse de que esté completamente libre de nudos. Comúnmente se les conoce como peines tipo Greyhound. A veces tienen púas de espaciado ancho y estrecho en un solo peine, o están disponibles como peines individuales; sin embargo, con un Golden Retriever, no es esencial que compres los más pequeños.

Los peluqueros de Golden generalmente tienen un juego de tijeras y tijeras de entresacar en su kit de acicalamiento. El pelaje de un Golden Retriever no necesita ser cortado rutinariamente, pero ayuda a estilizar ocasionalmente las áreas rebeldes. Las tijeras de entresacar parecen un cruce entre tijeras y un peine. Estas son excelentes para reducir el volumen en áreas de pelo muy denso. Puedes notar que existen otras herramientas para lidiar con la muda, como cuchillas de stripping o peines para muda, pero los peluqueros profesionales de Golden Retriever rara vez utilizan estas herramientas pesadas. Un cepillo de cardas y tijeras de entresacar deberían ser suficientes para mantener bajo control el pelaje denso que muda sin dañarlo.

Tu peluquero canino local podrá ayudarte con el acicalamiento de tu Golden si sientes que mantener bajo control su abundante pelaje será una tarea demasiado grande. Los peluqueros siempre bañarán a tu perro antes de cepillar su pelaje, lo que ayudará a desenredar cualquier área de pelo rebelde. Sin embargo, esto no necesita hacerse a diario cuando se realiza el acicalamiento en casa. De hecho, es perjudicial para el pelaje lavarlo con demasiada frecuencia, ya que eliminará sus aceites naturales. Un enjuague con agua después de un paseo embarrado está bien, pero el champú solo debe usarse cuando sea necesario, y no con más frecuencia que una vez al mes, a menos que tu veterinario lo aconseje por razones médicas.

Hay muchos champús diferentes en el mercado, y siempre que tu Golden no tenga alergias cutáneas, la mayoría serán adecuados para usar. Sin embargo, si deseas elegir uno que sea suave y nutritivo, los champús a base de avena son excelentes. Además, los champús que

contienen árbol de té también tienen propiedades antiinflamatorias y antibacterianas.

Parásitos Externos

Hay muchos bichos que adoran vivir en el pelaje de tu perro, los más comunes son las pulgas; sin embargo, también puedes encontrar ácaros, piojos y garrapatas. Todos estos se recogen en el entorno y de otros animales.

Las pulgas en realidad prefieren vivir el 90% del tiempo en el entorno y solo el 10% del tiempo en tu perro, y una vez que tu perro las ha traído a casa, pueden reproducirse extremadamente rápido. Por lo tanto, si tu perro tiene un problema de pulgas, asegúrate no solo de tratarlo a él, sino también de lavar toda su ropa de cama con agua caliente, y aspirar y rociar con un insecticida todas las áreas de la casa que sean oscuras y cálidas. Ejemplos de estos lugares incluyen debajo de los sofás y detrás de los cojines.

Las garrapatas pueden adquirirse al pasear a tu perro en áreas donde hay ciervos o hierba alta. Succionan sangre y se hinchan antes de caerse. Deben eliminarse cuando se notan por primera vez porque tienen el potencial de causar una desagradable infección cutánea en la región de la picadura y, en escenarios raros, pueden transmitir enfermedades muy graves. Las garrapatas pueden eliminarse con un extractor de garrapatas, que es un pequeño tenedor que se coloca alrededor de la base del cuerpo, luego se gira y se tira. Este movimiento asegura que la cabeza no se haya quedado dentro, lo que podría causar una infección.

La mayoría de los tratamientos contra parásitos externos tratarán las pulgas, en combinación con ácaros, piojos y/o garrapatas, por lo que leer la etiqueta es vital, ya que no todos son iguales. Los tratamientos contra pulgas deben aplicarse de forma rutinaria según las indicaciones de tu veterinario, para proporcionar protección contra los parásitos externos. La prevención siempre es mejor que la cura. Estos tratamientos pueden presentarse en diversas formas para adaptarse a ti y a tu perro, como pipetas spot-on, tabletas, golosinas y champús.

Corte de Uñas

"Toca sus patas y pies con frecuencia para que se acostumbren a que tú se las manipules al recortar sus uñas. Idealmente, deberías recortar sus uñas cada dos semanas".

Lori Reuter
Avalor Goldens

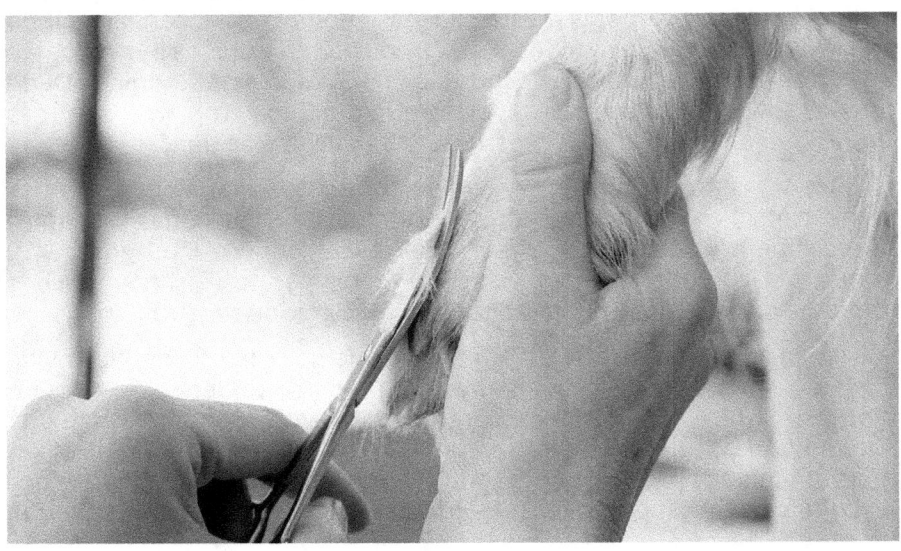

Los perros tienen cuatro uñas en cada pata, y en la pata delantera también hay un espolón en el interior. Algunos perros también pueden tener espolones en el interior de sus patas traseras, pero esto es inusual. Todas estas uñas deberán ser recortadas rutinariamente para mantenerlas cortas, ya que pueden tener la tendencia a crecer de manera curva, lo que luego resulta en daños a la parte inferior de la pata, o ser susceptibles de engancharse y causar esguinces y dislocaciones de los dedos.

Recortar las uñas puede causar gran ansiedad a algunos perros, por lo que enseñar a tu perro a estar quieto y no entrar en pánico cuando son jóvenes es una buena idea. Comienza cuando es un cachorro jugando con sus patas y dándole muchos elogios cuando no se inquiete. Dado que los Golden Retrievers son perros que quieren complacer, son más fáciles que otras razas para acostumbrarse al corte de uñas.

Puedes comprar cortaúñas para perros en la mayoría de las tiendas de mascotas, y estos son muy superiores al uso de cortaúñas humanos, especialmente porque los Golden Retrievers tienen uñas grandes y gruesas, que pueden requerir bastante fuerza para cortar. Hay muchos tamaños para elegir, pero necesitarás el más grande para tu Golden.

La uña está compuesta de queratina, que no contiene nervios ni vasos sanguíneos, por lo que si cortas la uña correctamente, no causará ningún dolor a tu perro. Sin embargo, por el centro de la uña corre una sección carnosa llamada matriz ungueal. Si accidentalmente cortas la matriz, sangrará profusamente. Aunque tu perro no se desangrará por esto, detener el sangrado es lo mejor tanto para tu perro como para el suelo. Simplemente aplica presión firme con un trozo de algodón durante cinco minutos para controlarlo.

Saber dónde termina la matriz ungueal suele ser una adivinanza para perros con uñas negras, pero si tienes la suerte de tener un perro con uñas claras, entonces se puede ver fácilmente. Para perros con uñas negras, cortar pequeñas partes a la vez, en lugar de un gran corte, es una mejor idea. Si estás nervioso por cortar las uñas de tu perro, un peluquero o un auxiliar veterinario estará más que feliz de ayudarte.

Limpieza de Oídos

La oreja está compuesta por varias secciones. La solapa, a la que comúnmente nos referimos como la oreja, se llama pabellón auricular. Dado que los Goldens tienen un pabellón que cae hacia abajo, el interior de la oreja tiende a humedecerse, lo que mantiene un excelente ambiente para que crezcan bacterias y levaduras. Desafortunadamente, esto significa que pueden ser susceptibles a infecciones de oído. Limpiar las orejas semanalmente, o después de cada baño, asegurará que el interior de la oreja se mantenga limpio.

El interior de la oreja está compuesto por varias secciones. La primera sección del canal auditivo externo se llama canal vertical, que desciende hacia el suelo y luego gira 90 grados y viaja hacia la cabeza en dirección al cerebro. Esta sección se llama canal horizontal. Al final se encuentra con la membrana timpánica, que es una lámina muy pequeña de tejido. Si esta se rompe, las infecciones pueden viajar más profundamente en el oído y volverse graves. Después de la membrana timpánica está el oído medio, seguido del oído interno. Las infecciones en estas regiones pueden afectar el equilibrio y son extremadamente dolorosas, mientras que las infecciones solo en el oído externo serán muy pruriginosas y causarán rascado y sacudidas de la cabeza.

Tu veterinario podrá venderte algún limpiador de oídos que apruebe. Las características que debes buscar en un limpiador de oídos general son que sea suave, mantenga el pH del oído y ayude a aflojar o disolver acumulaciones de cera.

Para limpiar el oído, todo lo que necesitas hacer es levantar el pabellón de la oreja, colocar la boquilla del limpiador de oídos tan profundamente en el canal auditivo vertical como puedas, y dar un apretón. Cuando lo retires del canal auditivo, coloca rápidamente el pabellón de la oreja sobre la salida del canal para que nada pueda salir, y da un masaje en el área durante unos 30 segundos. Esto permite que el limpiador de oídos haga su trabajo y afloje la cera. Cuando sueltes, da un paso atrás, ya que tu perro querrá sacudir la cabeza. Esto es bueno ya que elimina todo el limpiador de oídos y la cera, pero puede ser desordenado y no querrás estar en la línea de fuego. Una vez que haya terminado de sacudir la cabeza, toma un poco de algodón y limpia todo lo que haya salido.

Glándulas Anales

Algunos perros sufren de impactaciones de las glándulas anales, mientras que otros pueden pasar toda su vida sin tener que vaciar sus glándulas anales. Las glándulas anales son dos pequeñas estructuras en forma de saco que se encuentran en el interior del ano, en las posiciones de las 4 y las 8 en punto. Cuando el perro defeca, estas se comprimen naturalmente y cualquier cosa que contengan será vaciada. Son estructuras redundantes sin uso funcional, y si se convierten en problemas recurrentes, algunos dueños optan por eliminarlas.

Los perros comienzan a tener problemas con las glándulas anales por una de tres razones; la razón más común es una mala posición de las mismas. En lugar de estar ubicadas en las posiciones de las 4 y las 8 en punto, podrían estar en las posiciones de las 3 y las 9 en punto, lo que significa que cuando el perro defeca, no se vacían eficientemente. La segunda razón es cuando el perro tiene heces blandas. En este caso, las heces no presionan las glándulas anales al pasar, y las partes muy acuosas incluso pueden llenar las glándulas anales. La causa final de los problemas de las glándulas anales se debe a tumores que pueden crecer en esa región. Estos pueden hacer que las glándulas anales se llenen de células inflamatorias.

El signo más común que verá, si tu perro está experimentando molestias con sus glándulas anales, es frotar su trasero contra el suelo. Esto se llama deslizamiento. Otros signos que podrías notar son lamerse la zona y un olor a pescado proveniente de tu perro. Si crees que tu perro necesita vaciar sus glándulas anales, debes llevarlo a tu veterinario o peluquero. No es una emergencia, pero adoptar el enfoque de que podrían solucionarse por sí solas no es aconsejable, ya que las glándulas anales llenas pueden conducir rápidamente a abscesos, que son mucho más difíciles de tratar.

Los Golden Retrievers son perros hermosos, y siguiendo los consejos de este capítulo, ciertamente ayudarás a mantener a tu Golden en óptimas condiciones. No solo se verá genial, sino que también se sentirá genial.

CAPÍTULO 11
Medicina Veterinaria Preventiva

Cómo elegir un veterinario

Una vez que hayas adquirido tu nuevo cachorro o perro, es importante establecer contacto con tu veterinario local. Puede resultar difícil elegir a qué veterinario acudir, pero hay algunos aspectos que debe tener en cuenta al buscar opciones.

Ubicación

La proximidad a tu hogar es un factor importante a considerar. Aunque esto puede no tener mucho impacto cuando llevas a tu perro a su revisión anual, agradecerás la cercanía en caso de una emergencia que ponga en riesgo su vida. Llegar oportunamente al veterinario puede marcar la diferencia entre la vida y la muerte para tu perro.

Finanzas

Los veterinarios pueden cobrar precios competitivos, por lo que encontrarás que algunos son más económicos que otros. Las grandes empresas corporativas suelen ofrecer promociones mensuales para fomentar diferentes aspectos de la salud. Muchas clínicas veterinarias también ofrecen planes para mascotas, que implican un pago mensual y a cambio pueden incluir consultas y productos con descuento, revisiones anuales gratuitas o a bajo costo, prevención de parásitos y vacunaciones.

Servicios fuera de horario

Algunas clínicas veterinarias ofrecerán sus propios servicios de emergencia fuera de horario a sus clientes, mientras que otras delegarán estos servicios a un proveedor externo. Si la continuidad es importante para ti, entonces encontrar una clínica veterinaria que proporcione estos servicios para sus clientes es lo mejor, ya que conocerán a tu perro y tendrán sus registros en su sistema de archivos. Sin embargo, una ventaja de un proveedor externo es la experiencia que pueden aportar. La mayoría de los servicios externos fuera de horario cuentan con veterinarios dedicados a emergencias, con calificaciones adicionales en el campo de cuidados críticos y, por lo tanto, en caso de una emergencia, tendrán más experiencia para tomar decisiones bajo presión.

Especialidades

Aunque todos los veterinarios deben pasar por una formación exhaustiva para convertirse en veterinarios, algunos reciben también calificaciones de posgrado. Estas pueden ser en campos como oftalmología, ortopedia, cardiología o dermatología, por nombrar algunos. Un veterinario general siempre podrá remitir a tu perro a estos especialistas; sin embargo, para algunos dueños, es importante tener acceso a especialistas en su propia clínica veterinaria.

Extras

Algunas clínicas veterinarias también ofrecen servicios adicionales como servicios de peluquería, consultas con enfermeros veterinarios, hospedaje, clínicas de control de peso y clases para cachorros. Al elegir una clínica veterinaria, vale la pena considerar si estos factores son los que te gustaría tener a tu disposición.

Vacunaciones

Es de vital importancia que vacunes a tu perro desde cachorro. Existen enfermedades caninas peligrosas comúnmente encontradas que pueden amenazar la salud e incluso la vida de tu perro. Afortunadamente, estas enfermedades pueden prevenirse fácilmente mediante la vacunación.

Las vacunaciones deben comenzar a las 8 semanas de edad, o si el perro que estás adquiriendo es mayor que esto, tan pronto como sea posible. El curso inicial de vacunación consistirá en dos o tres vacunas, separadas por varias semanas, dependiendo del fabricante que utilice tu veterinario. La mayoría de los veterinarios vacunarán contra cinco enfermedades como obligatorias, y ofrecerán una vacunación adicional como opción.

El parvovirus es una enfermedad que afecta principalmente a los cachorros, aunque cualquier edad puede contraerla. Es un virus mortal que causa sangrado en los intestinos y diarrea. Algunos perros también pueden vomitar. Esto conduce a una deshidratación rápida. Se adquiere en el ambiente, principalmente a través de la transmisión fecal-oral, o compartiendo recipientes de comida y agua.

La hepatitis, también conocida como adenovirus canino, es una enfermedad que afecta al hígado. La inflamación en el hígado puede causar fiebre, vómitos, letargo, diarrea, ictericia y ganglios linfáticos agrandados, y eventualmente conduce a la muerte.

Foto cortesía de
Bruno Rosales

El moquillo es un virus que afecta a muchos sistemas corporales diferentes. Inicialmente causa vómitos, estornudos y tos, así como almohadillas engrosadas en las patas y la punta de la nariz. Una vez que el virus se ha propagado al cerebro, causa convulsiones.

La leptospirosis es una enfermedad que tiene varios serotipos diferentes. Algunos veterinarios vacunan contra los dos más comunes, otros vacunan contra cuatro. Puede causar síntomas similares a la hepatitis, como vómitos, diarrea e ictericia, pero también causará síntomas neurológicos. Afecta principalmente a los riñones, el hígado, el sistema nervioso central y el sistema reproductivo.

La tos de las perreras es una enfermedad contra la que se vacuna rociando la vacuna por la nariz. La tos de las perreras es en realidad un complejo de enfermedades, que comúnmente son causadas por Bordetella y Parainfluenza en combinación. La tos de las perreras causa una tos áspera similar al graznido de un ganso o una tos seca, y puede hacer que se expulse flema. Puede confundirse fácilmente con vómitos.

La rabia es la última vacunación que es vital en áreas del mundo donde es endémica. La rabia es una enfermedad que afecta al cerebro y se propaga a través de la saliva que ha contaminado la sangre. Esto puede ser a través de mordeduras, o simplemente saliva que contamina un rasguño. Es transmisible a los humanos, por lo que la vacunación es tan importante.

El moquillo, la hepatitis y el parvovirus a menudo se combinan en una sola vacuna inyectable, que a veces también se combina con leptospirosis y posiblemente parainfluenza en una sola jeringa. Si la parainfluenza no se administra en forma inyectable, se puede combinar con Bordetella en una vacuna que se rocía por la nariz. La rabia, sin embargo, se administra como una vacuna inyectable individual.

Algunos dueños de perros no creen en las vacunaciones y, por lo tanto, no desean que sus perros sean vacunados; sin embargo, las vacunas son extremadamente seguras y la prevalencia de efectos secundarios es extremadamente baja. Se aconseja que un cachorro tenga al menos el curso inicial de vacunas y el refuerzo al año de edad, pero después de eso, si un dueño no desea vacunar, entonces se pueden hacer análisis de sangre anualmente para investigar los niveles de inmunidad. De esa manera, el perro solo necesita recibir vacunas cuando la inmunidad disminuye, en lugar de cada año.

Microchip

El microchip se recomienda para todos los perros, y en el Reino Unido, ahora se ha convertido en un requisito legal. Todavía no es un requisito legal en los EE.UU., pero es altamente recomendable. Un microchip es una pequeña pieza de metal que se inserta bajo la piel entre los omóplatos. Cuando se escanea con un lector, proporciona un número que luego se puede buscar en la compañía de microchips. El número es único y sus datos se registrarán con ese número, por lo que es importante recordar actualizarlos si te mudas de casa o cambia de número de teléfono móvil.

Se inserta con una aguja, similar a una inyección, que podría hacer que tu perro gima brevemente, pero el dolor es muy pasajero. El veterinario se asegurará de que el área entre los omóplatos esté limpia antes de insertarlo. Los Golden Retriever son una raza valiente, por lo que si estás insertando un microchip en un perro adulto, probablemente no reaccionará en absoluto.

Esterilización

Si no planeas reproducir a tu Golden Retriever, es beneficioso para su salud esterilizarlo. Para las perras, esto se llama ovario histerectomía, y para los perros machos, se llama castración. Hay pros y contras en ambos casos, pero para la mayoría de los perros, los pros superan ampliamente a los contras.

Los procedimientos tanto para machos como para hembras requieren solo una visita de un día al veterinario. Deberás llevar a tu perro temprano en la mañana, sin haber desayunado, y la operación generalmente se realizará antes del mediodía. Luego pasarán la tarde recuperándose y durmiendo el resto del anestésico antes de que se les permita volver a casa.

Ovariohisterectomía

Una perra puede ser esterilizada en cualquier momento de su vida, sin embargo, la mayoría de los veterinarios coinciden en que debe hacerse antes del primer celo, o tres meses después del primer celo. Esto será alrededor de un año de edad, más o menos unos meses. Como se mencionó en el Capítulo 1, hay beneficios al esperar hasta el año de edad para los Golden Retriever, ya que las hormonas ayudan al cierre de las placas de crecimiento óseo. Sin embargo, si es esterilizada antes del primer celo, las posibilidades de cáncer de mama más adelante en

la vida son casi nulas. Esto se debe a que los cánceres de mama son impulsados por hormonas, y si nunca ha tenido un celo, nunca ha estado expuesta a altos niveles de hormonas.

Por otro lado, un aspecto positivo de ciertas hormonas, el estrógeno en particular, es que ayuda a tensar el esfínter uretral. Esta es una banda de músculo que cierra la salida de la vejiga y si se debilita y gotea, entonces el perro podría comenzar a filtrar orina especialmente cuando está acostado. Sin embargo, esto generalmente solo se hace evidente en la vejez. No todas las perras esterilizadas después del primer celo desarrollarán esto, pero es un factor de riesgo a considerar.

No se debe esterilizar a una perra dentro de los tres meses posteriores a un celo. Esto se debe a que el útero estará muy inflamado y, por lo tanto, podría ser una operación difícil y arriesgada. Además, otro aspecto negativo es que las hormonas seguirán estando altas en el sistema y, por lo tanto, una operación de esterilización demasiado cercana al celo puede causar un embarazo psicológico.

A pesar de todos estos puntos, la esterilización es extremadamente beneficiosa para el perro, ya que elimina el riesgo de piometra (infección uterina), cánceres uterinos y cánceres ováricos. Todos estos son potencialmente mortales.

Castración

La operación de castración es mucho más sencilla que la operación de esterilización, y significativamente más rápida también. Castrar a un perro eliminará la posibilidad de cánceres testiculares y epididimarios, y reducirá significativamente el riesgo de hiperplasia prostática (agrandamiento) y cáncer de próstata.

Castrar a un perro también ayudará a controlar comportamientos no deseados. Es menos probable que deambule o se escape, y la agresión se reducirá significativamente.

Las operaciones de castración pueden realizarse en cualquier momento desde que dos testículos hayan descendido al escroto. Esto puede ser desde apenas unos meses de edad; sin embargo, se recomienda que tu perro tenga al menos seis meses de edad, o incluso más de un año para los Golden como se mencionó anteriormente, ya que los cachorros jóvenes pueden tener una caída repentina en los niveles de glucosa cuando son operados, lo que puede hacer que la recuperación sea un proceso más lento.

Parásitos internos

El control de parásitos es vital para la salud de tu perro. El control de parásitos externos se discute en el Capítulo 10, pero los parásitos internos también deben ser controlados.

Los parásitos internos consisten principalmente en lombrices redondas y tenias; sin embargo, también deben considerarse el gusano del corazón y protozoos como la Giardia. El tratamiento, obtenido de tu veterinario, administrado cada tres meses ayudará a evitar estas infecciones. Sin embargo, si vives en un área endémica de gusano pulmonar, es aconsejable desparasitar mensualmente para evitar que tu Golden Retriever lo contraiga.

Los parásitos internos pueden adquirirse al hurgar durante los paseos, entrar en contacto con otros perros o sus heces, compartir recipientes o beber agua sucia. La excepción es el gusano pulmonar, que se contrae al comer caracoles o babosas. A los Golden Retriever les encanta recoger cosas durante los paseos, por lo que estar atento a lo que hace tu perro reducirá las posibilidades de que adquiera parásitos.

Seguro para mascotas

El seguro para mascotas ayudará a cubrir posibles facturas veterinarias que pueden sumar miles de euros. Muchas personas no tendrán esa cantidad en ahorros y los veterinarios generalmente requieren el pago por adelantado antes de dar de alta al animal.

Hay varios tipos diferentes de pólizas disponibles, por lo que leer cuidadosamente la letra pequeña y seleccionar la opción que mejor funcione para ti será en tu mejor interés. Algunas compañías de seguros te dan una suma de dinero por condición, que se renueva cada año, mientras que otras compañías proporcionarán una suma de dinero por condición para toda la vida. Algunas otras compañías te darán una suma de dinero para toda la atención médica que se renueva cada año.

Además de esto, el copago diferirá de una compañía a otra, y un copago más alto podría reducir el pago anual; sin embargo, requerirá que tú pagues más hacia la reclamación. Además, algunos aseguradores también requerirán que pagues un porcentaje de la tarifa si tu perro tiene más de cierta edad.

No obstante, el seguro para mascotas te ahorrará una gran cantidad de dinero a largo plazo si algo le sucede a tu perro, y permitirá que tu veterinario le proporcione la atención veterinaria de máxima calidad sin preocupaciones financieras.

Al final, si proporcionas una excelente atención veterinaria preventiva para tu perro, él te lo agradecerá, ya que estará tan saludable como sea posible, ¿y qué hay mejor que un Golden Retriever feliz y saludable?

CAPÍTULO 12
Enfermedades del Golden Retriever

"Los Golden comparten varias preocupaciones genéticas. Una enfermedad ocular específica llamada uveítis pigmentaria (o coloquialmente Uveítis del Golden Retriever) es una afección seria. Ciertos cánceres, especialmente el Hemangiosarcoma, son una preocupación para los amantes de los golden. El SAS es una condición cardíaca mejor controlada ahora que en el pasado, pero realmente requiere criadores que hayan realizado sus certificaciones cardíacas para los perros reproductores."

Jill Simmons
PoeticGold Farm

Aunque todos los dueños se esfuerzan por tener un perro feliz y saludable, desafortunadamente existen algunas enfermedades genéticas que, sin importar cuán saludable sea tu perro, existe la posibilidad de que las contraiga. Sin embargo, el hecho de que la raza esté predispuesta a cierta condición no significa que tu perro definitivamente la sufrirá en algún momento de su vida. Cuando tú eres dueño de un Golden Retriever, hay algunas condiciones sobre las cuales deberías tener mayor conciencia, para que si notas los síntomas, puedas acudir a tu veterinario lo antes posible. De esta manera, tu perro recibirá el mejor tratamiento tan pronto como sea posible, para detener la progresión de la enfermedad poco después de que comience.

Enfermedades Cardíacas

Estenosis Aórtica

También conocida como estenosis subaórtica (SAS), es una condición cardíaca que causa un estrechamiento en la salida del corazón. El lado izquierdo del corazón bombea sangre oxigenada que regresa de los pulmones hacia el cuerpo, por lo que cuando la salida se estrecha habrá más resistencia, y por lo tanto, el músculo cardíaco debe contraerse significativamente más fuerte para expulsar la sangre.

*Foto cortesía de
Kellie Blood*

Como cualquier músculo que trabaja duro, gradualmente crecerá más grande. Pero a diferencia de los músculos en otras partes del cuerpo, donde músculos grandes significan músculos fuertes, el corazón no puede funcionar bien cuando está agrandado. Como resultado, la sangre se acumula en este lado del corazón hacia los pulmones, que es de donde proviene. Un aumento de presión en la sangre acumulada provocará que el fluido se filtre desde la vena hacia los tejidos circundantes, en este caso los pulmones. Así, en casos graves, los pulmones se llenarán de líquido y el perro toserá. Otro síntoma que puede manifestar es letargo o desmayos debido a que no se bombea suficiente sangre oxigenada a otras partes del cuerpo.

Aparte de los síntomas clínicos, se diagnostica mediante una ecografía del corazón. Si se detecta temprano, un cardiólogo veterinario puede tratar esta condición para ensanchar la salida del corazón, lo que mejorará significativamente la vida del perro. Sin embargo, si se diagnostica tarde en el proceso de la enfermedad, cuando el corazón ya se ha agrandado y los pulmones ya están comprometidos, existen excelentes medicamentos para disminuir la presión arterial, reducir el estrés en el corazón y disminuir cualquier líquido en los pulmones.

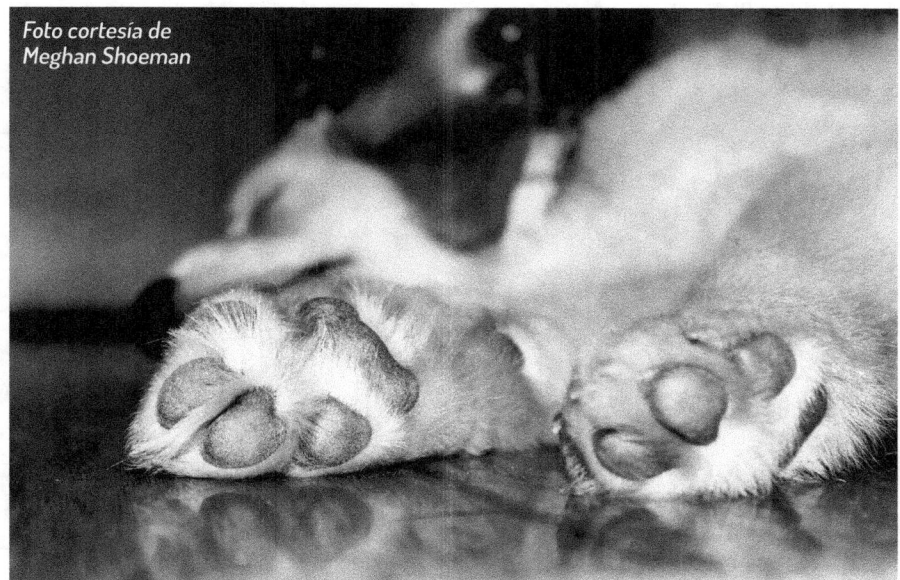

Foto cortesía de Meghan Shoeman

Derrame Pericárdico

El corazón está rodeado por un saco de tejido llamado pericardio. Cuando este se llena de líquido, restringe la capacidad del corazón para bombear eficazmente. Aunque ambos lados se ven afectados, el lado derecho del corazón tiene paredes más delgadas, y por lo tanto puede verse más comprometido que el izquierdo. La sangre que llega al lado derecho del corazón proviene del cuerpo, para que pueda ser bombeada a los pulmones y oxigenarse nuevamente. Si esta sangre se acumula en su camino hacia el corazón, puede filtrar líquido desde los vasos hacia la cavidad abdominal.

La causa de los derrames pericárdicos ocasionalmente es de origen canceroso; más comúnmente un tumor en el exterior del corazón. Sin embargo, también puede ser idiopático, lo que significa de origen desconocido. Hubo un estudio en un hospital veterinario del Reino Unido que analizó 143 casos de derrames pericárdicos, de los cuales 47 casos eran Golden Retrievers. De esos 47 casos, siete tenían un tumor, y los otros 40 no tenían causa conocida.

Tu veterinario sospechará de un derrame pericárdico si tu perro se ha vuelto repentinamente muy letárgico o ha comenzado a desmayarse o toser, ya que cuando escuche el corazón, tendrá el sonido de una lavadora, en lugar de un sonido de latido. Esto puede confirmarse con una ecografía o radiografía. La mayoría de los veterinarios podrán drenar el líquido alrededor del corazón en una práctica general; desafortunadamente, si la causa se debe al cáncer, es probable que simplemente se vuelva a llenar. Sin embargo, si es de origen idiopático, drenar el pericardio puede ser curativo.

Enfermedades Dermatológicas

Dermatitis Atópica

Hay opiniones variadas sobre si los Golden Retrievers tienen un mayor riesgo de alergias cutáneas, también conocidas como dermatitis atópica, y parece que varía según las ubicaciones geográficas.

Las alergias cutáneas pueden deberse a varias causas potenciales: alimentos, el ambiente o picaduras. Cuando tu perro tiene un brote, tendrá mucha picazón, y puede rascarse y lamerse varias partes de su cuerpo como sus patas, axilas, vientre y el interior de sus patas traseras. También puede tener una inflamación de sus conductos auditivos y sacudir excesivamente la cabeza para aliviar la picazón en sus orejas.

Si estás tratando regularmente contra parásitos externos para prevenirlos, entonces es poco probable que la alergia se deba a estos, pero deben descartarse con un control veterinario. Una alergia a las pulgas solo necesita una picadura para causar picazón en tu perro.

Las alergias alimentarias deben descartarse primero con una dieta de eliminación. Estas están disponibles a través de tu veterinario. Estas dietas tienen todas las moléculas de proteína hidrolizadas, lo que significa que el cuerpo no puede reconocerlas para reaccionar ante ellas. Esta dieta debe administrarse durante seis semanas, sin golosinas ni sobras de la mesa. Si tu perro ha mejorado significativamente, entonces diferentes sabores de carne deben introducirse gradualmente de nuevo para ver qué causa que la alergia se active.

Foto cortesía de Ashley DeFrancesco

Si se han descartado tanto los parásitos como las alergias alimentarias, la causa restante es el ambiente. Esto podría deberse al contacto con un alérgeno, como limpiador de pisos o hierba alta, o inhalantes, como el polen. Estas alergias son difíciles de controlar ya que no pueden evitarse. Hay varias opciones de tratamiento, que se centran en tres cosas: tratar los brotes, prevenir futuros brotes y mantener la salud del pelaje. Las alergias no pueden curarse.

Hay varios comprimidos diferentes disponibles en tu veterinario para aliviar la picazón. Los esteroides son, con diferencia, los más baratos, pero tienen importantes efectos secundarios además de ejercer mucha presión sobre el hígado. Hay otras opciones que regulan a la baja la respuesta inmune a los alérgenos, pero son más costosas.

Otra opción es que tu veterinario formule una vacuna contra el alérgeno. Esta se administra en intervalos crecientes, por ejemplo, primero con 2 días de diferencia, luego 4, luego una semana, etc. Estas son efectivas para muchos perros; sin embargo, la respuesta no es instantánea.

Finalmente, las dietas que contienen omega-3 y omega-6 deben complementar cualquier terapia. En la proporción correcta, tienen pronunciados efectos antiinflamatorios. También ayudan a construir la capa lipídica de la piel para proporcionar una mejor barrera contra los alérgenos externos.

Eczema Húmedo

El eczema húmedo también se conoce como dermatitis húmeda aguda o puntos calientes. Los Golden Retrievers tienen una mayor incidencia de contraer eczema húmedo y los perros menores de cuatro años tienen un mayor riesgo.

Es simplemente un área de infección bacteriana que está roja, supurante y extremadamente picante. Tu perro querrá lamer el área constantemente, pero esto es contraproducente ya que hará que la infección se propague mucho más rápido. A menudo, el eczema húmedo es mucho más extenso de lo que el dueño se da cuenta debido al pelaje grueso de un Golden Retriever.

Tu veterinario podrá reconocerlo inmediatamente, y comenzará cortando el pelo para revelar la extensión del mismo, así como para permitir que el aire fresco llegue al área. Limpiará el área con antiséptico, lo que tú deberás continuar haciendo hasta que comience a resolverse. Tu perro necesitará un largo curso de antibióticos —a menudo varias semanas— así como usar un collar isabelino alrededor de su cuello para evitar que se lama.

Hipotiroidismo

El hipotiroidismo es cuando la glándula tiroides no funciona eficientemente. Esto puede deberse a varias razones; sin embargo, en el Golden Retriever, generalmente se debe a una prevalencia de autoanticuerpos de la hormona tiroidea (THAA). Estos atacan la tiroides. La tiroides juega un papel vital en el metabolismo, por lo que un perro con hipotiroidismo estará letárgico con un aumento de peso a pesar de tener un apetito reducido. También podría tener una barrera cutánea deficiente y pelo más fino, debido a una mayor caída del pelo.

El hipotiroidismo no puede curarse, pero puede manejarse muy eficazmente con comprimidos diarios, con los cuales tu perro puede vivir una vida normal.

Hemangiosarcoma

Los Golden Retrievers tienen un mayor riesgo de desarrollar un tumor llamado hemangiosarcoma. Este tumor se origina inicialmente en el bazo, pero puede extenderse al hígado, el omento y los pulmones. Los signos de este tumor no son específicos y es posible que solo notes una lentitud en tu perro y encías pálidas. Un veterinario, sin embargo, podrá sentir una masa en el abdomen, y puede detectarla durante un chequeo de rutina en una vacunación anual.

Los tumores de hemangiosarcoma son peligrosos y pueden causar hemorragias masivas desde el bazo que pueden provocar la muerte súbita. Si el tumor no se ha extendido a otros órganos, el bazo puede extirparse mediante cirugía. La mayoría de los veterinarios de práctica general pueden realizar esta cirugía, pero es larga y no está exenta de riesgos. Sin embargo, sin la cirugía, el pronóstico es muy malo, y por lo tanto, muchos dueños justificarán seguir adelante con la operación sobre esa base. Una vez operado, tu perro podrá vivir una vida normal sin bazo.

Enfermedades Articulares

Displasia de Codo

La displasia de codo es una causa común de cojera en las extremidades delanteras en perros jóvenes. Los Golden Retrievers tienen un alto riesgo de padecer esta condición. La displasia de codo es donde partes del codo, como el proceso coronoide medial o el proceso ancóneo, no se han desarrollado adecuadamente y se han desprendido.

Es una condición genética y, por lo tanto, cualquier perro reproductor debe someterse a radiografías para confirmar la salud de los codos antes de ser reproducido.

La displasia de codo puede mejorarse mediante cirugía articular para eliminar cualquier fragmento. El manejo conservador también es una opción que implica antiinflamatorios cuando sea necesario, ejercicio controlado que incluye hidroterapia y suplementos articulares, que se discuten más a fondo en el Capítulo 16.

Displasia de Cadera

Foto cortesía de Chris Wicks

La cadera está formada por una articulación de rótula y cavidad, donde la parte superior del fémur se encuentra con la pelvis. La parte superior del fémur debe ser perfectamente redonda y encajar en la cavidad como una pieza de rompecabezas; sin embargo, cuando un perro tiene displasia de cadera, las formas no coinciden. Por lo general, es la cabeza femoral, más que la cavidad, la que se ve afectada. Esto puede hacer que la cadera se luxe fuera de la cavidad si es grave, y causa un andar oscilante y cojera en las extremidades traseras.

Al igual que la displasia de codo, la displasia de cadera también es de origen genético, y por lo tanto, los padres deben ser examinados antes de la reproducción. Hay varias opciones quirúrgicas, como reemplazar la cadera con un implante, o fusionarla si es muy grave y las finanzas son un problema; sin embargo, el manejo conservador se lleva a cabo con más frecuencia, que es el mismo que para la displasia de codo.

Osteocondritis Disecante

La osteocondritis, también conocida como OCD, es una condición que generalmente se hace evidente entre los 4 y 12 meses de edad. Los extremos de todos los huesos comienzan como cartílago, pero cuando un cachorro tiene OCD, no se convierte en hueso. En su lugar, se convierte en cartílago engrosado, que puede fragmentarse o causar un colgajo y, como resultado, da lugar a un dolor articular considerable.

Las articulaciones afectadas en los Golden son más comúnmente el hombro y la rodilla, aunque puede ocurrir en cualquier articulación de la extremidad, y por lo tanto la cojera puede ser de la extremidad delantera o trasera. Se diagnostica con una radiografía y se trata con la eliminación del cartílago suelto mediante artroscopia, que implica la colocación de una pequeña cámara dentro de la articulación.

Todas las condiciones articulares de los Golden Retrievers se observan en perros más jóvenes; sin embargo, progresarán gradualmente hacia la artritis si no se tratan o manejan adecuadamente. La artritis se discute más a fondo en el Capítulo 16.

Atrofia Progresiva de Retina

Abreviada como PRA, la atrofia progresiva de retina es una enfermedad hereditaria recesiva. Se puede realizar una prueba en animales reproductores, y es lo responsable que debe hacer cualquier persona que tenga la intención de reproducir a un Golden.

Causa una pérdida gradual de la visión, que comienza con ceguera nocturna. Esto se debe a que la parte posterior del ojo, conocida como retina, se deteriora gradualmente. No hay tratamiento para la PRA, y siempre conducirá a la ceguera de ambos ojos.

Uréteres Ectópicos

Foto cortesía de Heather Dawson

El uréter es el tubo que transporta la orina desde los riñones hasta la vejiga, donde se almacena hasta que hay suficiente para que el perro la elimine. La palabra ectópico significa "fuera", y los uréteres ectópicos son exactamente eso. Ocurre cuando los uréteres terminan fuera de la vejiga, generalmente en la uretra, que es el tubo que transporta la orina desde la vejiga hacia el exterior del cuerpo. Como resultado, los perros que tienen uréteres ectópicos filtrarán orina constantemente.

Generalmente, es más común en hembras, y suele ser evidente antes del año de edad. No hay nada médico que pueda hacerse para la condición, y la cirugía es la única opción para corregir la anomalía anatómica. Mientras se espera la cirugía, el pelo debe mantenerse corto alrededor del área donde se filtra la orina para evitar quemaduras por orina, y el área debe limpiarse regularmente.

Los Golden son propensos a muchas enfermedades, muchas de las cuales son de origen genético, pero ese es comúnmente el caso con cualquier raza de perro de pedigrí. Mediante la cuidadosa selección de tu cachorro de padres sanos y evaluados, tendrás la mejor oportunidad de tener un perro que tendrá una vida saludable. Sin embargo, es importante que todos los dueños de Golden Retriever conozcan las enfermedades potenciales y sean proactivos en buscar asesoramiento veterinario si alguno de los síntomas se hace evidente.

CAPÍTULO 13
Trabajo

"La mayoría de las personas quizás no se dan cuenta de que esta raza es verdaderamente una raza de trabajo, en el sentido de que la recuperación está genéticamente arraigada y que esta cualidad innata demuestra una y otra vez que entrenar a un retriever con la recompensa de buscar y traer es tan valioso como el oro."

Gina Carr
Brier Golden Retrievers

La inteligencia innata y la capacidad de adiestramiento del Golden Retriever hacen que esta raza sea idealmente adecuada para trabajar en una amplia variedad de situaciones. Es un mérito a la adaptabilidad de la raza que hace que puedes encontrar Golden Retrievers trabajando en todos los ámbitos de la vida, en el campo, en el hogar, en entornos urbanos, en puertos y aeropuertos. Los perros que encuentran su vocación trabajando junto a sus humanos generalmente son seleccionados cuidadosamente desde el nacimiento y altamente adiestrados desde una edad temprana, aunque en ciertas circunstancias, su potencial puede ser detectado en un refugio. Aunque este libro se centra prin-

Foto cortesía de Heather Dawson

cipalmente en animales de compañía, vale la pena reconocer cuán capaz y adaptable es el Golden Retriever examinando algunas de las áreas en las que se le puede encontrar trabajando.

Trabajo de Campo

El Golden Retriever fue criado originalmente como perro de caza, como se explicó en el Capítulo 2. La raza fue desarrollada por su resistencia, capacidad de adiestramiento, boca suave y la habilidad para trabajar en terrenos salpicados de pantanos y arroyos. Hoy en día, estas características de trabajo suelen ser secundarias en importancia frente a la naturaleza amigable y de temperamento equilibrado del Golden Retriever como perro de compañía, y la raza ha mostrado una divergencia. Aquellos que planean utilizar un Golden Retriever en el campo buscarán específicamente líneas de trabajo. Los perros de estas líneas pueden resultar demasiado enérgicos para encajar en el molde del plácido perro familiar. De hecho, pueden incluso terminar en rescate si han sido adoptados inadvertidamente por un dueño que buscaba una mascota, encontrándose posteriormente con más responsabilidad de la que esperaban. Por lo tanto, es posible encontrar un Golden Retriever de trabajo en un refugio, pero es poco probable que haya tenido el adiestramiento temprano como perro de caza para prepararlo si fue abandonado muy temprano. Sin embargo, en manos experimentadas, aún puede encontrar su vocación.

En la práctica, los Golden Retrievers han sido un tanto eclipsados en el campo por sus primos Labradores. Una desventaja de la raza es su pelaje largo, que requiere mucho más mantenimiento en condiciones húmedas y fangosas que el pelaje corto del Labrador. También pueden ser menos prevalentes ya que pueden costar más que un Labrador. Pero la explicación más probable es que el Golden Retriever ha demostrado ser un éxito sobresaliente como perro de compañía, por lo que los criadores se están concentrando en producir líneas más plácidas y las líneas de trabajo son algo más especializadas.

Los Golden Retrievers trabajan de manera diferente en el campo que los Labradores. El Labrador se encuentra con la nariz pegada al suelo siguiendo un rastro, mientras que el Golden Retriever actúa según el olor en el aire y tiende a llevar la cabeza levantada. Son conocidos por su excelente capacidad para encontrar presas y una elegancia única en el campo que los hace muy favorecidos por cazadores experimentados.

Si has adquirido un cachorro de línea de trabajo con la intención de utilizarlo como perro de caza, el adiestramiento comenzará a pequeña escala desde el día que lo lleves a casa. Una relación temprana ayudará a establecer su asociación, asegurando que el perro solo quiera estar contigo. Necesita aprender modales y confianza. Un vínculo fuerte superará el miedo y asegurará que tu perro cumpla tus órdenes y regrese a ti en el campo.

El adiestramiento formal como perro de caza no debe comenzar hasta que el cachorro tenga seis o siete meses para no "sobrecargar" su mente En esta etapa aprenderán a actuar con el silbato. Los dueños pueden optar por enviar a su perro a clases de adiestramiento para perros de caza si no tienen experiencia previa, pero la prioridad principal debe seguir siendo la asociación, por lo que el adiestramiento no puede delegarse completamente.

¡Es bastante sorprendente que el Golden Retriever tenga patas palmeadas! No es exactamente un pato, pero esta característica de la raza proviene de sus ancestros perros de agua, y es una ventaja para trabajar en terrenos pantanosos.

Foto cortesía de David A Ring

Perros para Personas con Discapacidad

Un perro que está individualmente adiestrado para realizar tareas que permiten a una persona con discapacidad tener una vida más independiente se conoce como perro de servicio o perro de asistencia. El Golden Retriever es una raza muy favorecida en este campo debido a su alta inteligencia y capacidad de aprendizaje, y al hecho de que harán cualquier cosa dentro de sus capacidades por su humano. Los Golden Retrievers también prosperan al usar su cerebro.

El papel más frecuentemente asociado con los Golden Retrievers en el contexto de perros de servicio es como perro guía para ciegos. Los perros guía no solo pueden ayudar con tareas en el hogar, sino que tienen la importante responsabilidad de mantener a su dueño seguro en lugares públicos. También cumplen el papel vital de compañía, ya que tener una discapacidad puede sentirse muy aislante, por lo que la presencia constante de un perro de naturaleza gentil puede ayudar al dueño con discapacidad a enfrentar los desafíos en sus vidas.

Los perros guía provienen de programas de cría especializados para asegurar que el cachorro herede los rasgos de carácter adecuados para ser un perro de asistencia. Deben tener una salud excelente, ser seguros y receptivos, pero mantenerse enfocados y no distraerse. A las 8-10 semanas entrarán en un programa de adiestramiento hasta que tengan 12-18 meses. Serán evaluados durante este tiempo para ver si su futuro está como perro guía, perro de terapia o de compañía.

Foto cortesía de Meghan Shoeman

A los 16-18 meses, aquellos que han sido seleccionados como perros guía comienzan el adiestramiento formal, pero durante este tiempo también experimentan momentos de juego, paseos, masticar y dormir como cualquier perro mascota, ya que necesitarán estar cómodos en el entorno del hogar, por muy formal que haya sido su adiestramiento. A los dos años se emparejarán con su nuevo dueño, quien también será adiestrado para la nueva asociación.

Los Golden Retrievers también se encuentran como perros de asistencia trabajando junto a personas sordas.

Los perros que no llegan a convertirse en perros guía pueden encontrar su vocación como perros de terapia. Las cualidades requeridas para un perro de terapia son un temperamento tranquilo y sereno y una naturaleza amigable, por lo que este papel es idealmente adecuado para un Golden Retriever. Los perros de terapia interactúan con las personas para mejorar su bienestar emocional. Los estudios han demostrado que jugar con un perro puede aumentar la serotonina y la dopamina, lo que promueve una sensación de satisfacción. Los Golden Retrievers a veces son elegidos como perros de terapia residentes, por ejemplo, para personas con autismo; sin embargo, los perros de terapia generalmente no viven con la persona necesitada y pertenecen a un adiestrador dedicado que lleva al perro a hospitales, residencias de ancianos y residencias individuales para interacciones a corto plazo. Es útil, por lo tanto, que el Golden Retriever ame a todos incondicionalmente y esté siempre listo para alegrar el día de un completo desconocido.

Un dato interesante es que como perro de asistencia, el Golden Retriever puede ser adiestrado para encender y apagar luces, abrir y cerrar puertas, ¡e incluso cargar la lavadora!

Búsqueda y Rescate

Los Golden Retrievers destacan como perros de búsqueda y rescate (SAR, por sus siglas en inglés), no solo debido a su capacidad de adiestramiento, deseo de complacer y temperamento estable, sino porque tienen un sentido del olfato excepcional. Esto los hace idealmente adecuados para rastrear en caso de una persona desaparecida, o un desastre natural donde las personas pueden estar enterradas bajo escombros o una avalancha. En estas condiciones extremas, su pelaje grueso sirve como protección. Los Golden Retrievers son la raza que más a menudo se ve en situaciones de rescate masivo, y se afirma que tienen la capacidad de hacer el trabajo de 20-30 seres humanos. La búsqueda y rescate siempre es una carrera contra el reloj, por lo que realmente son los héroes de nuestro tiempo y han salvado innumerables vidas en todo el mundo.

Debido a que los Golden Retrievers están particularmente adaptados para captar olores en el aire, no requieren una posición de último avistamiento, sino que pueden captar el olor humano desde cualquier lugar del área. Pueden ser utilizados para encontrar víctimas que aún están vivas, o cuerpos sin vida detectando gases de descomposición. Los Golden Retrievers incluso pueden detectarlos en el agua. También se utilizan como perros de evidencia al detectar objetos que tienen olor humano, ya sea de una persona viva o el olor de un cuerpo sin vida.

Para convertirse en un perro de búsqueda y rescate, tanto el perro como el guía tienen que pasar por un riguroso adiestramiento. El adiestramiento oficial de búsqueda y rescate no puede comenzar hasta que el perro esté completamente desarrollado, alrededor de los 18 meses, y toma entre seis meses y dos años. Como con todas las disciplinas de trabajo, el guía puede comenzar el trabajo básico con su cachorro enseñándole obediencia, confianza y estableciendo un vínculo.

Tanto los guías como los perros requieren certificación nacional para participar en búsqueda y rescate, y esta debe renovarse cada pocos años.

A veces se descubre el talento de un perro de refugio para una vocación en este campo, y así, al ser rescatado, continuará rescatando a otros.

La Asociación Canadiense de Perros de Búsqueda tiene el lema, Fide Canem, que significa "Confía en el Perro". Este es el principio fundamental en búsqueda y rescate y la razón por la que tantas personas deben sus vidas a un Golden Retriever.

Los Golden Retrievers tienen 300 millones de receptores olfativos en sus narices, en comparación con un humano, que solo tiene 6 millones. Por lo tanto, ¡su sentido del olfato es 50 veces mayor que el de un humano!

Perros Policía

Además de búsqueda y rescate, la nariz sensible del Golden Retriever lo convierte en un activo para las fuerzas policiales, donde su agudo sentido del olfato puede ser adiestrado para detectar explosivos y narcóticos.

El Golden Retriever no es la raza más asociada con el trabajo policial; este honor recae en el Pastor Alemán, ya que se requiere un grado de agresión natural para las tareas de protección, que el dócil Golden Retriever no posee. Pero por otro lado, aparte de su excelente olfato, el Golden Retriever tiene un deseo de trabajar y aprende rápidamente, construyendo una conexión con su guía, por lo que es por eso que muchos Goldens ganan el estatus de K9 como perros detectores especializados.

Verás Golden Retrievers trabajando en este campo en aeropuertos, puertos y cruces fronterizos. Usando su superior sentido del olfato, serán adiestrados para reconocer explosivos, armas de fuego, drogas ilegales, importaciones ilegales como animales o productos animales, sangre, divisas e incluso dispositivos electrónicos de contrabando. Puede parecer bastante milagroso que la nariz de un perro pueda identificar estos artículos, pero además de esto, el perro detector puede incluso identificarlos cuando están enmascarados por otros olores, lo que los contrabandistas intentarán en un intento inútil de burlar la nariz de un Golden Retriever.

Cuando el perro detector Golden Retriever capta el olor objetivo, señalará a su guía rascando la superficie cerca de la fuente del olor, o sentándose cerca de ella. El guía estará muy atento al lenguaje corporal de su perro.

Típicamente, un perro detector puede examinar exhaustivamente un vehículo en una frontera en aproximadamente 5 minutos, en comparación con los 20 minutos que un oficial sin perro tomaría para hacer una búsqueda rudimentaria, por lo que no hace falta decir que además de ser más minuciosos, los perros detectores mantienen el flujo de tráfico y los retrasos al mínimo en los cruces fronterizos.

Al igual que con la búsqueda y rescate, los perros detectores de la policía a veces provienen de refugios. Algunas fuerzas también tienen sus propios programas de cría. Los perros pueden ser machos o hembras y tener entre 1 y 3 años para comenzar a trabajar. Los perros detectores trabajarán un día de ocho horas y su carrera durará hasta ocho años, después de lo cual generalmente son adoptados por su guía. De lo contrario, se les encontrará un buen hogar.

Quizás no lo sepas, pero causar daño intencional o matar a un perro policía es un delito grave. Si un K9 (perro policía) se pierde en el cumplimiento del deber, es enterrado con los mismos honores que su compañero humano.

Como hemos visto en este capítulo, el Golden Retriever es un perro extremadamente versátil que no solo se adaptará a una familia como animal de compañía, sino que también destacará en muchas áreas diferentes en el mundo laboral.

CAPÍTULO 14
Reproducción

Tomando la decisión de reproducir a tu perro

La decisión de reproducir a tu Golden Retriever no debe tomarse a la ligera. Hay más cachorros produciéndose en el mundo que hogares amorosos, y con tantos perros en refugios, no es responsable reproducir a tu perro solo por diversión, o porque "sería bonito tener una camada". La cría de cachorros requiere amplios conocimientos, tiempo y dinero, así que si estás considerando convertirse en un criador dedicado de Golden Retriever, este capítulo te proporcionará algunos conocimientos básicos para comenzar tu camino. La cría no te hará rico, pero puede ser extremadamente gratificante contribuir a mejorar la genética de la raza Golden Retriever con una camada saludable e impresionante

Foto cortesía de
Marnie Harrell – Shadymist Kennel, LLC

de descendientes.

Foto cortesía de
Lori Reuter – Avalor Goldens

Apareamiento

Una vez que hayas decidido que vas a proceder con el apareamiento de tu Golden Retriever hembra, primero debes seleccionar un compañero adecuado. Como se mencionó en capítulos anteriores, los Golden Retrievers son propensos a la displasia de cadera y codo, así como a la ARP (Atrofia Retiniana Progresiva), por lo tanto, es aconsejable seleccionar un semental para los cachorros que tenga excelentes puntuaciones de cadera y codo, y que se haya sometido a pruebas genéticas para detectar anomalías oculares. También es prudente que tú hayas invertido en estas pruebas para tu perra. Una vez que estés seguro de que la combinación producirá descendientes sobresalientes, debes esperar a que tu perra tenga un celo.

Las perras solo podrán aparearse durante el tiempo en que su sistema reproductivo está activo, que suele ser alrededor de 21 días. Una perra entrará en celo cada seis meses en promedio a partir de aproximadamente un año de edad. Sin embargo, es importante que se le permita tener su primer celo antes de ser apareada. Puede ser apareada entre su segundo celo hasta los cinco años de edad. Después de esto, no se recomienda reproducirla, ya que producir una camada de cachorros requiere que el cuerpo soporte una gran tensión, y un cuerpo más viejo podría no ser capaz de manejarlo.

Los signos de un celo incluyen la secreción de líquido con tinte rosado, rojo o marrón de la vulva, así como la hinchazón de esa área. Puede estar más hinchada de lo habitual, lo que puede hacer que la perra lama la zona. Además de esto, la mayoría de las perras tendrán un ligero cambio en el comportamiento, como ser más apegadas de lo habitual o maternal con sus juguetes. Cuando está activamente en celo, lo que será durante unos días dentro del ciclo de 21 días, debes visitar al perro semental. Si está lista, el semental la montará para aparearse. Luego él se gira para que queden mirando en direcciones opuestas. Esto se llama "anudamiento", y una vez anudados, no se debe forzar la separación de los dos perros, ya que se podría causar un daño extenso al semental.

Gestación

Cuando sospeches que tu perra podría estar embarazada, tu veterinario podrá investigarlo. Se puede realizar un análisis de sangre a los 22 días, y una ecografía a los 42 días. El embarazo dura un total de 63 días, y es poco probable que sepas cuántos cachorros lleva la madre hasta que dé a luz. La única manera es mediante una radiografía una vez que los esqueletos de los cachorros se han calcificado, pero las radiografías pueden ser peligrosas para el desarrollo del feto.

Una vez confirmado el embarazo, la madre no debe ser sometida a un estrés indebido. Su cuerpo requerirá más energía para alimentar a los cachorros en crecimiento, por lo que es vital proporcionarle una dieta de alta calidad. Todavía puede continuar saliendo a pasear; sin embargo, un paseo de 20 minutos con saltos y carreras mínimas es lo ideal. Se le debe proporcionar un lugar cálido y cómodo para descansar durante el día.

Hacia el final del embarazo, comenzarás a notar que su vientre se hincha y se vuelve duro. Sus pezones también se agrandarán y puede parecer más hambrienta de lo habitual. También actuará más letárgica y comenzará a crear un nido con sus juguetes blandos si los tiene.

Parto

Cuando el embarazo está llegando a su fin, es una buena idea comenzar a medir la temperatura de la madre. Una temperatura normal está entre 38,3 y 39,2 grados Celsius, pero cuando baja, a menudo por debajo de 37,8 grados Celsius, entonces es probable que el parto comience dentro de las próximas 24 horas. Cuando la madre entra en trabajo de parto, debe ser colocada en una caja de parto. Esto asegura que esté dando a luz en un entorno seguro tanto para ella como para los cachorros. Puede ser casera con una gran caja de cartón con un lado recortado, o se puede usar una cama de perro dura a la que se le quiten los cojines y se forre con periódico. Esta segunda opción es la mejor, ya que el periódico se puede quitar a medida que se ensucia, y la cama es fácil de limpiar después.

Los signos de trabajo de parto incluyen caminar de un lado a otro, lloriquear y empujar ocasionalmente. Puede continuar durante bastante tiempo, pero esto es normal. Los cachorros no nacen todos a la vez y puede haber hasta dos horas entre el parto de cada cachorro. Los cachorros saldrán dentro del saco amniótico, que la madre romperá, pero ocasionalmente puede romperse en el canal de parto. La madre entonces se volverá hacia el cachorro y lo lamerá para limpiar el líquido amniótico y calentar al cachorro. Algunos criadores prefieren recoger al cachorro una vez que ha nacido y frotarlo vigorosamente en la espalda con una toalla para secarlo. Esto estimulará la respiración y es benefi-

Foto cortesía de
Britta Nielson - Dewbury Dream Goldens

131

Foto cortesía de
Angel Martin – Goldensglen

cioso si la madre es primeriza y no muestra muy buenos instintos, pero generalmente no es necesario. El criador normalmente revisará la nariz y la boca para asegurarse de que estén libres de líquido.

Si la temperatura de la madre baja y no ha habido cachorros en las últimas 24 horas, parece estar con dolor insoportable, está haciendo esfuerzos improductivos, no ha pasado un cachorro dentro de las dos horas posteriores al último y se sabes que hay más dentro, o está produciendo secreción verde, debe ser llevada al veterinario de emergencia, ya que puede necesitar una cesárea. El tiempo es esencial, ya que cuanto antes se realice la cirugía, mayor será la probabilidad de que los cachorros sobrevivan.

Una vez que todos los cachorros han llegado, la madre comerá los sacos amnióticos y los cordones umbilicales. Aunque esto no suena apetitoso para nosotros, le proporciona un impulso de nutrientes para iniciar su producción de leche. Luego se le debe permitir descansar y amamantar en un lugar cálido (29,4 grados Celsius) sin corrientes de aire con sus cachorros, para permitirles mamar. No deben ser colocados en una cama de perro blanda, ya que esto aumenta las posibilidades de que puedan ser asfixiados.

Cuidados posteriores

El parto es agotador, así que permite que la madre y los cachorros descansen después del nacimiento. Se le puede dar a la madre un baño de esponja tibio para limpiar cualquier suciedad del parto, una vez que haya tenido tiempo de descansar, y luego darle comida y agua. Probablemente no querrá comer inmediatamente, pero debes tener comida y agua disponibles para cuando esté lista.

Durante aproximadamente una semana después de dar a luz, puede haber alguna ligera secreción de la vulva de la madre. Un color rosa claro, rojo o marrón es normal, pero si tiene un olor fétido o es negro o verde, debe ser vista inmediatamente por un veterinario.

Unos días después del nacimiento, es una buena idea llevar a la madre y a los cachorros a tu veterinario local. De esta manera, él puede examinarlos a todos para asegurarte de que están en óptima salud, y que los cachorros no sufren de paladar hendido, soplos cardíacos o hernias umbilicales.

Crianza de cachorros

Es emocionante tener una camada de cachorros creciendo en tu casa, y aún más emocionante comenzar a encontrar sus posibles hogares. Es tu responsabilidad asegurarte de que los futuros hogares de los cachorros sean experimentados y amorosos, y no hay nada malo en investigar a los nuevos dueños. Los compradores potenciales vendrán a tu casa para ver a los cachorros. Pueden hacerlo desde una edad temprana y pueden optar por reservar uno hasta que tú estés satisfecho para que sean entregados. La mayoría de los criadores colocarán un collar en el cachorro que pueda distinguirlo del resto, a menos que el cachorro tenga una marca distintiva.

*Foto cortesía de
Lori Reuter – Avalor Goldens*

Los cachorros pueden ir a sus nuevos hogares a partir de las ocho semanas de edad, pero algunos criadores optan por mantener al cachorro hasta las 12 semanas. Alrededor de las cuatro semanas de edad, pueden comenzar a mordisquear la comida de su madre además de amamantar. Se les puede empezar a ofrecer algo de comida para cachorros a esta edad, aunque probablemente solo podrán manejar comida húmeda o croquetas remojadas. Durante las siguientes cuatro semanas, se destetarán gradualmente hasta alimentarse exclusivamente con comida para cachorros.

Los cachorros necesitan ser desparasitados contra lombrices intestinales a las 2, 4, 6, 8 y 12 semanas de edad, ya que son particularmente susceptibles a una edad temprana de contraer gusanos. Solo necesitan recibir tratamiento contra pulgas si tienen pulgas, y si necesitan ser tratados, debe hacerse con un producto adecuado para cachorros, ya que muchos productos contra pulgas no pueden usarse en animales muy jóvenes o muy pequeños. Algunos criadores incluirán un microchip y la primera vacunación del ciclo inicial de vacunación en el costo del cachorro, y esto puede hacerse a las ocho semanas de edad por un veterinario. Si el cachorro aún no ha sido reservado, entonces el microchip deberá registrarse a nombre del criador, y luego los detalles se cambiarán cuando se venda.

Una camada de Golden Retrievers te traerá montones de alegría y diversión, y puede ser extremadamente gratificante saber que estás contribuyendo a mejorar la genética de la raza, especialmente si has criado cerca del estándar de la raza. Sin embargo, criar cachorros no es fácil y requiere considerables conocimientos y finanzas, por lo que si no estás familiarizado con la cría y no planeas criar comercialmente, es mejor dejarlo en manos de los criadores profesionales registrados de Golden Retriever que existen.

CAPÍTULO 15
Exposiciones

Selección de un Perro para Exposiciones

El Golden Retriever es una raza de aspecto impresionante y no es sorprendente que muchos dueños deseen mostrar la belleza de su perro participando en competiciones. Por supuesto, el nivel al que el dueño desee exponer a su perro es una cuestión de preferencia personal. Las exposiciones caninas locales recreativas ofrecerán un ambiente mucho menos exigente donde se puede permitir mayor flexibilidad respecto al estándar de la raza. Sin embargo, los dueños que deseen avan-

*Foto cortesía de
Jill Simmons
PoeticGold Farm*

zar a exposiciones nacionales necesitarán familiarizarse con el estándar de la raza en su país antes de seleccionar un cachorro, e investigar la genética de las diferentes líneas que tienen cachorros a la venta. El éxito en el ring de exposición comienza con la correcta conformación, lo que significa ajustarse al ideal. Este ideal puede no ser el mismo en todos los países, por lo que si seleccionas un cachorro que se desvía demasiado del estándar de la raza, la progresión más allá de las exposiciones locales nunca ocurrirá, por muy hermoso que sea el perro.

La primera consideración al seleccionar un cachorro es si deseas exponer un perro macho o hembra. Esta es una cuestión de preferencia personal que también puede estar influenciada por si tienes la intención de criar con tu perro. Ambos sexos pueden destacar en el ring de exposición, aunque las hembras tienen celo dos veces al año, lo que puede hacer que pierdan pelo, y será desventajoso si la fecha de la exposición coincide. Sin embargo, ambos sexos deben mostrar los mismos atributos de correcta conformación, confianza, paciencia y adaptabilidad, así como movimiento elegante y capacidad para permanecer quietos. Algunos de estos atributos, como la confianza, pueden observarse en una camada de cachorros, y otros, como la conformación, pueden evaluarse en combinación con la consideración de los padres, ambos deberían ser vistos. Otros atributos necesitarán ser enseñados. Es por esto que el dueño que se toma en serio exponer a su Golden Retriever casi siempre obtendrá mejores resultados seleccionando un cachorro, ya que a menos que un perro adulto provenga de un entorno de exposiciones, no habrá tenido el entrenamiento temprano para el éxito.

Si tú ya eres un dueño experimentado de Golden Retriever o tienes un interés de larga data en la raza, es posible que ya sepas qué líneas te interesan, y estarás registrando tu interés con los criadores en preparación para futuras camadas. Si eres nuevo en la raza, puedes obtener una lista de criadores aprobados de la organización canina en tu país. Para poder exponer a tu perro, ambos padres deberán estar registrados, al igual que tu cachorro, lo que el criador hará para toda la camada. Comprar un cachorro de un criador no registrado descalificará al perro de cualquier exposición que no sea local y recreativa, ya que el propósito de las exposiciones de alto nivel es mostrar las líneas genéticas ideales para la perpetuación de estándares óptimos en futuras generaciones. Esto es en interés de la salud y el bienestar de la raza, por lo que la observancia de las reglas tiene un objetivo humanitario.

Entonces, has identificado a un criador que tiene una camada de cachorros que estarán listos para irse a las 8-10 semanas. ¿Qué tan temprano puedes elegir a tu futuro campeón de exposición? La respuesta es alrededor de las cinco semanas de edad, y como se discutió previamente en el Capítulo 4, buscarás un cachorro saludable que esté alerta, despierto y feliz de ser manipulado, pero para el ring de exposición tendrás algunas consideraciones adicionales. No se debe esperar que tu cachorro elegido alcance un tamaño adulto fuera del rango del estándar de la raza. La consideración del tamaño de los padres debería ser un indicador de esto. No debe tener marcas inusuales, anomalías de pigmentación o defectos de conformación como mordida prognática o retrognática, y aunque su coloración será más clara como cachorro que su pelaje adulto, se deben evitar tonalidades extremas. Puede parecer duro, pero estos cachorros encontrarán hogares amorosos como mascotas donde la exposición no es una prioridad del dueño. Recuerda también que el criador es un experto y te ayudará a guiar tu elección. Mantener una relación con el criador tendrá el beneficio mutuo de que él o ella puede seguir los éxitos de su descendencia en el ring de exposición, y tú tendrás un mentor del que podrás aprender a medida que tu perro progresa.

Después de Seleccionar tu Cachorro

Entonces, habiendo hecho tu investigación, has seleccionado a tu futuro campeón de exposición y lo has reservado para recogerlo cuando esté listo para dejar a la madre. En esta etapa, el perro está registrado a nombre del criador. Cuando recojas a tu cachorro, el criador te dará el Documento de Información de Registro de la organización canina para que puedas cambiar la propiedad registrada a tu nombre. No podrás exponer a tu perro hasta que esto se haya hecho, por lo que tiene sentido organizarlo de inmediato. Esto se puede hacer por correo o en línea, y entonces tendrás el apoyo adicional y los recursos de la organización canina que serán invaluables para las exposiciones.

Foto cortesía de Deb Litzelfelner

La prioridad más importante para tu cachorro joven si ha de tener éxito en el ring de exposición es la socialización. Tu perro necesitará sentirse cómodo alrededor de humanos y todos los otros perros en el entorno de la exposición. Con suerte, ya has elegido un perro confiado, pero la socialización con otros perros debe comenzar tan pronto como haya completado sus primeras vacunas, y con humanos desde el día en que nace. Las clases normales de socialización y entrenamiento de cachorros establecerán las bases, pero además de esto, tu perro de exposición necesita aprender a ser manipulado por extraños, a permanecer quieto y a tolerar ser "apilado" o puesto en la posición correcta para el juez. Tendrá que aprender a moverse para su mejor ventaja. Su genética cuidadosamente seleccionada debería ser la base para esto, pero aprender a utilizar su marcha más elegante para el ring de exposición es un objetivo deseado tanto para el perro como para el manejador.

No hay mejor manera de aprender las técnicas para exponer a tu perro que visitar exposiciones y observar. Llevar a tu perro joven contigo también lo acostumbrará al entorno de exposición antes de que se depositen expectativas en él. Ambos estarán aprendiendo juntos y estarán listos para comenzar cuando ingreses a tu primera exposición después de que el cachorro haya alcanzado los seis meses de edad requeridos. También puedes conocer a criadores y manejadores experimentados y obtener algunos consejos de primera mano. Saber qué esperar hará que las etapas iniciales de la carrera de exposición de tu perro sean considerablemente menos intimidantes. También podrás apreciar las cualidades que hacen a un campeón de exposición, y evaluar las fortalezas y debilidades de tu propio perro frente al estándar de la raza. Observarás la etiqueta de la exposición y cómo manejar la decepción y la aceptación digna de lo que puedes considerar una decisión incorrecta. Estarás listo para mostrar a tu perro en su mejor ventaja desde el principio, y tal vez obtener algunos listones tempranos para animarte en el camino.

Cabe señalar que la expectativa histórica de los perros de exposición es que deben estar enteros, y mientras que la castración se recomienda para perros mascota, no podrás exponer a un perro castrado en competiciones de conformación de alto nivel en los EE.UU. Esto se debe a que el propósito de las exposiciones de conformación es demostrar que un perro es digno de ser utilizado para la cría. En el Reino Unido, se conceden exenciones previa solicitud de una carta de permiso para exponer de la organización canina. Sin embargo, se reconoce que la esterilización hace que el pelaje sea más áspero en las perras, y en la práctica, la ausencia de testículos en el perro macho puede influir en la decisión del juez al asignar las posiciones más altas.

Estándares de Raza

Es de vital importancia reconocer que el estándar de raza para el Golden Retriever difiere entre organizaciones internacionales, y tu perro necesita ajustarse al estándar de la organización bajo la cual está compitiendo. Ya se ha observado que el Golden Retriever americano es más oscuro y de complexión más alargada que el Golden Retriever británico, más pálido y de constitución más cuadrada. Las exposiciones de conformación tratan exclusivamente sobre la alineación con el estándar de raza deseado de una organización en particular.

Para criadores y expositores españoles, es fundamental conocer que España sigue el estándar de la **Federación Cinológica Internacional (FCI)**, al cual está afiliada la Real Sociedad Canina de España (RSCE) desde 1911. Sin embargo, para comprender completamente la diversidad global de la raza, presentamos aquí los tres estándares principales que influyen en la cría mundial del Golden Retriever.

Estándar de la Federación Cinológica Internacional (FCI)
Estándar Oficial vigente en España y la mayoría de países europeos

FCI-Estándar N° 111 - Golden Retriever *Fecha de publicación del estándar oficial vigente: 28.07.2009*

Origen: Gran Bretaña

Utilización: Perro de caza

Clasificación FCI: Grupo 8 - Retrievers, Perros Levantadores de Caza, Perros de Agua Sección 1 - Retrievers Con prueba de trabajo

Apariencia General: Simétrico, equilibrado, activo, poderoso, de movimiento nivelado; sólido con expresión amable.

Comportamiento/Temperamento: Dócil, inteligente y poseedor de habilidad natural para el trabajo; amable, amistoso y confiado.

Cabeza: Equilibrada y bien cincelada.

Región Craneal:
- **Cráneo**: Ancho sin tosquedad; bien implantado en el cuello.
- **Stop:** Bien definido.

Región Facial:
- **Nariz:** Preferiblemente negra.

- **Hocico:** Poderoso, ancho y profundo. La longitud de la cara es aproximadamente igual a la longitud desde el stop hasta el occipucio.

- **Mandíbulas/Dientes:** Mandíbulas fuertes, con mordida en tijera perfecta, regular y completa, es decir, los dientes superiores se superponen estrechamente a los dientes inferiores y están implantados en ángulo recto a las mandíbulas.

Ojos: Marrón oscuro, bien separados, con bordes oscuros.

Orejas: De tamaño moderado, implantadas aproximadamente al nivel de los ojos.

Cuello: De buena longitud, limpio y musculoso.

Cuerpo: Equilibrado.

- **Espalda:** Línea superior nivelada.

- **Lomo:** Fuerte, musculoso, acoplado corto.

- **Pecho:** Profundo a través del corazón. Costillas profundas, bien arqueadas.

Cola: Implantada y llevada al nivel del dorso, llegando a los corvejones, sin rizo en la punta.

Extremidades:

Miembros Anteriores:

- **Apariencia general:** Patas delanteras rectas con buena osamenta.

- **Hombros:** Bien colocados hacia atrás, largos en la escápula.

- **Brazo superior:** De igual longitud que la escápula, colocando las patas bien debajo del cuerpo.

- **Codos:** Bien ajustados.

- **Pies delanteros:** Redondos y como de gato.

Miembros Posteriores:

- **Apariencia general:** Patas traseras fuertes y musculosas.

- **Rodilla:** Bien doblada.

- **Muslo inferior:** Bueno.

- **Corvejón:** Bien descendido, recto cuando se ve desde atrás, sin girar ni hacia adentro ni hacia afuera. Corvejones de vaca altamente indeseables.

- **Pies traseros:** Redondos y como de gato.

Movimiento: Poderoso con buen impulso. Recto y verdadero en el frente y atrás. Zancada larga y libre sin señal de acción hackney en el frente.

Pelaje:

- **Pelo:** Liso u ondulado con buenas plumas, capa interna densa resistente al agua.

- **Color:** Cualquier tono de oro o crema, ni rojo ni caoba. Unos pocos pelos blancos en el pecho solamente, permitidos.

Tamaño y Peso:

- **Altura a la cruz:** Machos 56-61 cm (22-24 pulgadas); Hembras 51-56 cm (20-22 pulgadas).

Faltas: Cualquier desviación de los puntos anteriores debe considerarse como falta y la seriedad con la que se debe considerar la falta debe estar en exacta proporción a su grado y su efecto sobre la salud y el bienestar del perro y sobre la capacidad del perro para realizar su trabajo tradicional.

Faltas Descalificantes:

- Agresivo o excesivamente tímido.

- Cualquier perro que muestre claramente anormalidades físicas o de comportamiento.

Estándar del American Kennel Club (AKC) - Estados Unidos

Referencia para comprender las diferencias en el tipo americano

Estándar Oficial para el Golden Retriever (1990)

Apariencia General: Un perro simétrico, poderoso, activo, sólido y bien proporcionado, ni torpe ni largo de patas, mostrando una expresión amable y poseyendo una personalidad ansiosa, alerta y segura de sí misma. Principalmente un perro de caza, debe mostrarse en condición de trabajo duro.

Tamaño: Machos 58,4 a 61 cm (23-24 pulgadas) de altura a la cruz; hembras 54,6 a 57,2 cm (21,5-22,5 pulgadas). Peso para machos 29,5 a 34 kg (65-75 libras); hembras 25 a 29,5 kg (55-65 libras).

Color: Dorado intenso y lustroso de varios tonos. Las plumas pueden ser más claras que el resto del pelaje.

Temperamento: Amigable, confiable y digno de confianza.

Descalificaciones: Desviación en altura de más de 2,5 cm del estándar en cualquier dirección. Mordida prognática o retrognática.

Estándar del Kennel Club de Gran Bretaña (KC) - Reino Unido

Referencia para comprender el tipo británico original

Estándar Oficial para el Golden Retriever (1994)

Apariencia General: Simétrico, equilibrado, activo, poderoso, de movimiento nivelado; sólido con expresión amable.

Características: Dócil, inteligente y poseedor de habilidad natural para el trabajo.

Temperamento: Amable, amistoso y confiado.

Tamaño: Altura a la cruz: machos 56-61 cm (22-24 pulgadas); hembras 51-56 cm (20-22 pulgadas).

Color: Cualquier tono de oro o crema, ni rojo ni caoba. Unos pocos pelos blancos en el pecho solamente, permitidos.

Diferencias Clave Entre Estándares

Para criadores españoles, es importante entender que aunque el estándar FCI (que seguimos en España) está basado en el estándar británico original, existen diferencias sutiles pero importantes:

1. **Tamaño**: Tanto FCI como KC británico comparten las mismas medidas (56-61 cm machos, 51-56 cm hembras), mientras que el AKC americano es ligeramente diferente.

2. **Color**: FCI y KC permiten explícitamente "oro o crema", mientras que AKC prefiere tonos más oscuros y ricos.

3. **Tipo**: Los Golden Retrievers europeos (bajo estándar FCI) tienden a ser de constitución más cuadrada y colores más claros, mientras que los americanos son más alargados y oscuros.

4. **Peso**: El estándar FCI no especifica peso, a diferencia del AKC que es muy específico.

*Foto cortesía de
Angel Martin
Goldensglen*

Preparación para una Exposición

Exponer a tu perro en clases de conformación puede tener lugar local e informalmente, o en el circuito estrictamente regulado y prestigioso de las organizaciones caninas. Sin embargo, probablemente desearás comenzar en un entorno de baja presión para que tú y tu perro puedan sentir la experiencia de exponer y disfrutarla. Incluso puede haber clases de novedad en exposiciones locales, donde todas las reglas se dejan de lado, y tú y tu perro pueden realmente divertirse.

Sin embargo, has seleccionado y entrenado a tu Golden Retriever para el éxito de alto nivel, por lo que pronto querrás subir en las clasificaciones y competir con los mejores. Al registrar a tu cachorro en la organización canina y unirte al Club de Golden Retriever en tu país, tendrás acceso a listados de exposiciones y podrás planificar con anticipación las exposiciones en las que te gustaría participar. Asegúrate de enviar tu solicitud y pago con suficiente tiempo, luego puedes comenzar a planificar para el gran día.

Si la exposición a la que vas a participar está a cierta distancia, también puedes considerar reservar alojamiento que acepte perros cerca del lugar, para que tu perro tenga tiempo de adaptarse, especialmente si sufre de estrés o mareo por el viaje.

El pelaje de tu Golden Retriever es su gloria suprema, y naturalmente deseas que luzca lo mejor posible el día de la exposición. Si estás exponiendo a una perra, es aconsejable no elegir una exposición cerca de su celo, ya que la muda afectará la calidad de su pelaje. Recuerda que el estándar de la raza busca una apariencia natural, por lo que no debes recortar el pelo a tu perro o arreglarlo de manera antinatural. Necesitarás estar acicalando a tu perro diariamente para mantener la sedosidad natural del pelaje y la distribución de los aceites. Si deseas bañar a tu perro, esto debe hacerse unos días antes de la exposición para permitir que los aceites naturales regresen al pelaje para el día de la exposición. Ten en cuenta que aunque ciertos trucos de acicalamiento pueden disimular fallos menores de conformación a simple vista, el juez es experimentado y examinará minuciosamente al perro con sus manos, por lo que no se dejará engañar por ningún esponjado y adelgazamiento sobre áreas problemáticas.

Como parte de la rutina regular de acicalamiento de tu perro, debes estar limpiando sus dientes diariamente, ya que los dientes faltantes o deteriorados constituirán una falta en el ring de exposición.

Habrás estado practicando la colocación de tu perro para el juez, manteniendo su atención y trabajando en su ritmo óptimo para demostrar su marcha fluida. Estas cosas solo mejorarán con la experiencia. El cebo generalmente está permitido en el ring para dar un brillo a los ojos de tu perro en el momento adecuado; sin embargo, el uso excesivo de golosinas no impresionará al juez. En todo momento en el ring, ya sea de pie o en movimiento, considera el contorno del perro, especialmente el perfil lateral. Como manejador, asegúrate de usar un color neutro o oscuro liso para resaltar a tu perro contra ti, y zapatos prácticos para que se mueva tan sin esfuerzo en el ring como tu perro.

El juez estará buscando las fortalezas del perro, ya que todos los perros tendrán algunas debilidades—ninguno es perfecto. Recuerda, aunque están midiendo al perro contra el estándar de la raza, hasta cierto punto las posiciones finales serán una cuestión de opinión, y es posible que no estés de acuerdo. El buen espíritu deportivo en la competición se considera la etiqueta correcta de exposición, y nunca debes cuestionar la decisión del juez. ¡Siempre habrá otro día!

CAPÍTULO 16
Conviviendo con un Perro Senior

Es inevitable que en algún momento de tu experiencia como dueño de un Golden Retriever, tu amigo peludo alcance sus años de vejez. Si has tenido a tu perro desde cachorro, esto podría parecer muy lejano, mientras que si adoptaste un perro mayor, quizás esos años estén próximos. No obstante, el envejecimiento es un hecho inevitable de la vida, y no debe dejarse de lado. La edad es solo un número, y por lo tanto no significa que tu Golden vaya a volverse anciano y enfermo a la edad de ocho o nueve años; sin embargo, los perros mayores son más propensos a ciertas dolencias, y este capítulo te proporcionará una visión general de qué esperar y cómo prevenir que estas cosas ocurran.

Foto cortesía de Kelly Kelly

Dieta

Lo primero que debes hacer cuando tu perro está envejeciendo es cambiarlo gradualmente a un alimento para perros senior. Esto puede hacerse a lo largo de una semana, como se discutió anteriormente en el libro. Un alimento específico para perros mayores es vital, ya que proporciona diferentes cantidades de nutrientes en comparación con el alimento para cachorros o adultos, que son más adecuadas para un perro de edad avanzada.

Los alimentos para perros senior pueden tener ligeramente menos calorías que los alimentos para perros más jóvenes. Esto se debe a que los perros mayores suelen ser más sedentarios y, por lo tanto, necesitan menos calorías para mantenerse durante el día. Un perro mayor con sobrepeso tendrá una tensión adicional en sus órganos vitales, que pueden no estar funcionando a plena capacidad, y trabajarán mejor si no hay una capa de grasa rodeándolos.

Este tipo de alimento también suele estar enfocado en la salud articular y la movilidad. Como discutiremos más adelante en este capítulo, los Golden Retrievers a menudo tienen problemas con su movilidad en la etapa avanzada de su vida, y por lo tanto necesitan una ayuda adicional. Los alimentos para perros senior generalmente están compuestos por ingredientes ricos en ácidos grasos omega. Estos son excelentes antiinflamatorios naturales para las articulaciones doloridas. También actúan para mejorar la calidad y viscosidad del líquido articular para garantizar que las articulaciones estén bien lubricadas.

Los aspectos finales sobre el alimento para perros senior que podrían ser diferentes del alimento regular son las concentraciones de nutrientes como sodio, potasio, calcio y fósforo. Estos afectan la salud de los riñones y demasiado o muy poco de ellos puede ejercer una tensión adicional sobre los riñones. Por lo tanto, tener exactamente la cantidad correcta en el alimento asegurará no sobre exigir a sus riñones, algo que muchos perros mayores no pueden soportar.

Controles de Bienestar para Perros Senior

Para garantizar que tu Golden senior se mantenga en óptima salud, se recomiendan controles de bienestar para perros mayores por parte de tu veterinario. Esto es adicional a su chequeo anual habitual de vacunación. La razón de estos controles es asegurar que cualquier deterioro sea detectado muy temprano en el curso de la enfermedad. De esa manera, puede ser tratado lo antes posible y la progresión se ralentiza.

Un control de bienestar senior comenzará con un examen físico. Tu veterinario revisará primero el área de la cabeza, los dientes para detectar cualquier sarro excesivo y los ojos para detectar cualquier opacidad. A continuación, escucharás el corazón y los pulmones para asegurarte de que el corazón esté latiendo con un ritmo regular y que los pulmones estén despejados y sin sibilancias. Finalmente, palpará el abdomen en busca de bultos, así como el tamaño del hígado. Podría intentar palpar los riñones, pero en perros grandes como los Golden Retrievers, pueden ser extremadamente difíciles de sentir a menos que el perro sea muy delgado.

Después del examen clínico, su veterinario probablemente tomará una muestra de sangre para verificar la salud general de los órganos. La sangre generalmente se extrae de la vena yugular en el cuello, pero algunos veterinarios prefieren la vena cefálica en la pata delantera. Se recortará un pequeño parche de pelo para que el veterinario pueda ver la vena y hacer el procedimiento lo más rápido posible para tu Golden. Este análisis de sangre dará una buena indicación de la salud interna de tu perro y detectará cualquier problema en etapa muy temprana.

Finalmente, tu veterinario también puede realizar una prueba de presión arterial. Esto es muy similar a una prueba de presión arterial en un humano, donde se coloca un manguito alrededor de la pata delantera y se infla. Luego se desinfla y el veterinario investigará a qué presión regresa el pulso más abajo en la pata. Los perros mayores pueden ser propensos a una presión arterial más alta debido a enfermedades renales o cardíacas, y la detección temprana permitirá que tu perro reciba medicación para ello.

Artritis

Como se discutió en el Capítulo 12, los Golden Retrievers son propensos a enfermedades articulares como la displasia de cadera y la displasia de codo. La artritis se desarrollará en cualquier articulación que sea normal pero que reciba fuerzas anormales sobre ella, o una articulación anormal que reciba fuerzas normales sobre ella. La displasia de cadera y codo son articulaciones anormales y, desafortunadamente, el desarrollo de artritis es la progresión natural en el curso de la enfermedad.

Los principales signos de artritis son cojera y sensación de crujido al flexionar y extender la articulación. La razón por la que esto sucede es que el cartílago liso que recubre los extremos de los huesos en la articulación ha comenzado a deteriorarse. Por lo tanto, las articulaciones

tienden a generar un ro-
zamiento cuando se mue-
ven, en lugar de un deslizamiento suave.

Foto cortesía de
Angel Martin
Goldensglen

Una vez que el cartílago
ha sido destruido, desafortunadamente no hay nada
que se pueda hacer para re-
generarlo. Sin embargo, hay
formas de ralentizar el proceso de degeneración. La
primera forma, que debe
aplicarse desde una edad
temprana en perros activos
o perros con condiciones articulares, es añadir un suple-
mento articular a la dieta. Estos suplementos articulares casi siempre
contienen glucosamina, pero también pueden contener condroitina y
mejillón de labios verdes. Los suplementos articulares estimulan la sín-
tesis de proteoglicanos, que son los componentes principales del cartílago. También mejoran la salud del líquido articular, asegurando que sea
espeso y abundante en volumen para que la articulación pueda moverse
fácilmente. Los suplementos articulares pueden venir en muchas formas, como tabletas, cápsulas, golosinas, polvos, o incluso ya combinados en un alimento para perros senior.

La siguiente manera que ayudará a mantener la salud de la articulación es mantener a tu perro delgado. Un perro con sobrepeso tendrá
una mayor presión sobre estas articulaciones, lo que a su vez hará que
se deterioren más rápido. Si tienes un perro mayor con movilidad re-
ducida, y aumentar su ejercicio no es una opción, ponerlo a dieta será
beneficioso para él. Esto puede ser dándole menos de su comida regular, o dándole un alimento de saciedad, que es voluminoso y le permitirá
sentirse más lleno por más tiempo. Sin embargo, si deseas aumentar su
ejercicio, pero no quieres poner estrés adicional en las articulaciones,
entonces la hidroterapia es una excelente opción a considerar. Es probable que a tu Golden le encante, ya que generalmente se sienten atraídos por el agua.

Si tu veterinario considera que la calidad de vida de tu perro se está
viendo comprometida por el dolor de la artritis, lo cual es evidente en
cualquier perro que esté cojeando, puede recetarle algunos medicamentos para el dolor. A la mayoría de los perros se les recetará un fármaco
antiinflamatorio no esteroideo (AINE) como el primer medicamento para

el alivio del dolor. Algunos perros tienen un intestino ligeramente sensible a los AINE, pero no te preocupes, hay muchos otros medicamentos para probar si tu perro no responde bien a los AINE.

Si deseas probar un método de alivio del dolor que no involucre medicamentos, algunos veterinarios ofrecen acupuntura a sus pacientes. Esto estimula la liberación de endorfinas, que son el alivio natural del dolor del cuerpo.

Demencia

Foto cortesía de Meghan Shoeman

A medida que los perros envejecen, también lo hace su cerebro y, por lo tanto, también su estado mental. Ahora es un problema reconocido que algunos perros sufren de disfunción cognitiva canina (DCC). Este es un deterioro del cerebro muy similar a la demencia en humanos.

El signo más común que notarás en tu perro con DCC es la apatía, pero también puede venir acompañado de deambulación sin rumbo, orinar o defecar en la casa cuando anteriormente estaba entrenado para hacerlo fuera, y cambios de comportamiento.

La DCC no puede revertirse; sin embargo, tu veterinario podrá proporcionar un medicamento diario muy seguro que mejora el flujo sanguíneo al cerebro. Esto a su vez aumenta el flujo de oxígeno y la capacidad del cerebro para procesar las cosas mucho mejor. Los dueños a menudo encuentran que le da a tu perro una nueva oportunidad de vida.

Deterioro de Órganos

Como se mencionó anteriormente, los riñones y el hígado en particular son los órganos más susceptibles al deterioro en la vida posterior. Esto se debe a que estos órganos son muy sensibles a los cambios en la presión arterial, la dieta, la ingestión de toxinas, los medicamentos y el estilo de vida general a lo largo de la vida del perro.

La detección temprana con análisis de sangre de bienestar senior garantizará que tú estés al tanto de cualquier problema desde el principio, de modo que se puedan realizar cambios básicos en el estilo de vida para detener un mayor deterioro. Los cambios en la dieta, en particular, pueden aliviar mucha tensión en los riñones y órganos, y algunas de las principales marcas veterinarias de alimentos para perros venden dietas específicamente para pacientes con enfermedades hepáticas o renales. Las dietas para el hígado tienen una menor cantidad de proteínas, pero las proteínas que contienen son de mayor calidad que los alimentos normales para perros. El hígado tiene que convertir la proteína en una forma más utilizable, por lo que esto hará que no tiene que esforzarse tanto. Las dietas renales tienen diferentes

Foto cortesía de
Debbie & Michael Seybert

cantidades de minerales, como se mencionó anteriormente, que son filtrados por los riñones.

Si la enfermedad hepática no puede ser manejada mediante la dieta, se podría tomar una biopsia guiada por ultrasonido para entender exactamente qué está mal con el hígado, aunque en perros mayores generalmente es la fibrosis hepática o el cáncer de hígado el principal problema. Esto puede hacerse bajo sedación, ya que si bien no es extremadamente doloroso, es una aguja larga y si el perro se moviera, podría causar un daño significativo. Si la enfermedad hepática no puede tratarse directamente, por ejemplo, con quimioterapia para el cáncer, entonces se pueden recetar medicamentos de apoyo hepático para tu perro, como SAM-e o ácido ursodesoxicólico. Estos mejoran la función hepática.

La enfermedad renal, por otro lado, puede manejarse de muchas maneras. Generalmente se realizará un ultrasonido de los riñones para comprender si hay una causa subyacente de la enfermedad renal, como quistes o tumores, o si es solo un deterioro crónico que ocurre con la edad. Cuando los riñones se deterioran, muchas funciones corporales se ven afectadas. Estas incluyen la producción de glóbulos rojos, por lo que el perro puede volverse anémico, la regulación de la presión arterial, por lo que el perro puede tener presión arterial alta, y la filtración de agua y productos de desecho, por lo que el perro puede orinar más. Hay medicamentos disponibles para ayudar con todos estos problemas, pero a veces, si los riñones han avanzado en el proceso de la enfermedad, pasar algún tiempo con fluidos intravenosos puede mejorar las cosas.

Pérdida de los Sentidos

La imagen clásica de un perro anciano es la de uno que está sordo o ciego. Perder estos sentidos es muy común y debes anticiparte mientras tu perro todavía tiene todos sus sentidos intactos.

Cuando tu perro todavía puede oír bien, enséñale comandos con señales manuales además de comandos de voz. Estos se han discutido en el Capítulo 6.

Los ojos pueden, desafortunadamente, deteriorarse al mismo tiempo. Los ojos nublados son normales en perros mayores y no son una señal de que no pueda ver. Una condensación normal de las fibras dentro del cristalino se llama esclerosis nuclear, y a través de esto el perro todavía puede ver. Las cataratas pueden parecer muy similares a la esclerosis nuclear, pero la principal diferencia es que los perros no pueden ver a través de las cataratas. Un veterinario puede diferenciar entre cataratas y esclerosis nuclear iluminando el ojo con una luz brillante. Si puede ver hasta el fondo del ojo, es esclerosis nuclear, mientras que si la luz se refleja en el cristalino, entonces es una catarata. Estas pueden ser eliminadas, pero debido a la edad a la que normalmente se desarrollan, muchos dueños optan por no seguir adelante con la operación debido al mayor riesgo de la anestesia.

Control de la Vejiga

Si tienes una Golden hembra, y fue esterilizada antes de su primer celo, entonces podría comenzar a tener problemas con pequeñas fugas de orina. Ella no es consciente de que está haciendo esto, y no está orinando a propósito en tu cama o en el suelo, así que no la regañes por ello.

Cuando el esfínter uretral (la banda muscular apretada que mantiene cerrada la salida de la vejiga) no ha tenido ninguna influencia del estrógeno durante su vida, entonces es significativamente más débil de lo que debería ser. Esto resulta en que se vuelva permeable cuando se ejerce presión sobre el abdomen y, por lo tanto, sobre la vejiga, por ejemplo, al acostarse.

Se puede manejar bien con un par de opciones de medicamentos. Estos vienen en formas de jarabe y tabletas y deben administrarse diariamente. Si la fuga de orina es excesiva, es posible que debas mantener recortado el pelo largo alrededor del área inferior, para que el área se mantenga limpia y no conduzca a quemaduras por orina.

Diciendo Adiós

Para muchos dueños, llegará un momento en que tendrán que tomar una decisión sobre si es en el mejor interés de sus perros ser sacrificados, también conocido como eutanasia dos. No es frecuente que un ataque repentino de enfermedad se lleve a tu perro, pero en los años de vejez generalmente es una enfermedad crónica y lenta la que hará que su bienestar se vea comprometido. Para nuestros animales, tenemos la capacidad de decidir si su calidad de vida está tan significativamente comprometida que no deberían continuar.

Si bien esto es obviamente devastador para nosotros como dueños, un perro no tiene sentimientos negativos sobre ser eutanasia do y es un procedimiento suave e indoloro. Un perro no puede comprender o anticipar lo que va a suceder como podemos hacerlo nosotros como humanos. Cuando un perro es sacrificado, es exactamente eso. El procedimiento es una sobredosis de anestésico, que lo hará caer en un sueño profundo, donde eventualmente su corazón se detendrá. Esto puede hacerse en una clínica veterinaria o en tu hogar, lo que sea mejor para ti y tu perro.

La inyección generalmente se administra en la vena cefálica de la pata. Tu veterinario probablemente colocará un catéter para tener acceso constante a la vena, ya que generalmente se necesita un gran volumen para un Golden Retriever. En cuestión de segundos, tu perro se quedará dormido. Dentro de 10-15 segundos, el corazón se habrá detenido y tu perro se habrá ido suavemente. Es posible que notes algunos temblores o micción después, o lo que parece ser una respiración profunda, pero todos estos son signos de músculos que se contraen después de la muerte, y no signos de que la inyección no haya funcionado.

Siempre es una situación muy triste despedirse de tu querido amigo; sin embargo, debes tratar de recordar todos los momentos maravillosos en los que tu Golden te ha hecho sonreír a lo largo de los años anteriores, y mirar hacia atrás en el tiempo con cariño y alegría, en lugar de lágrimas.

AGRADECIMIENTOS

Ser veterinario significa que puedo ver muchos perros diferentes, pero entre mis favoritos definitivamente están los Goldens. No hay nada mejor que ser recibido por una cola que se menea y una gran sonrisa. Fue igualmente agradable escribir este libro sobre la raza. ¡Espero que logre atraer muchas personas hacia la raza! Por lo tanto, me gustaría agradecer a mis pacientes Golden Retriever y sus dueños, quienes me proporcionaron la emoción y la motivación para escribir este libro.

También me gustaría agradecer a mi editora de libros de larga data, Clare Hardy, quien simplemente tiene una manera con las palabras para asegurarse de que todo lo que escribo suene fantástico. Ella me ha brindado un gran apoyo a través de todos mis esfuerzos de escritura, ¡y ayuda que ella también sea una gran amante de los perros!